KB216109

시끌벅적 소요리문답 성경공부

시끌벅적 소요리문답 성경공부

1쇄찍은날 2019년 10월 18일
3쇄찍은날 2022년 5월 20일
지 은 이 김태희
일러스트 기남서
도입활동 이승범
펴 낸 이 장상태
펴 낸 곳 디다스코
서울시 서초구 서초동 1355-3 서초월드오피스텔 1605호
전 화 02-6415-6800
팩 스 02-523-0640
이 메 일 is6800@naver.com

등 록 2007년 4월 19일
신고번호 제2007-000076호
유 통 기독교출판유통 031-906-9191

ISBN 979-11-89397-05-0 (93230)

값은 표지에 있습니다.

시끌벅적
소요리문답 성경공부

어린이를 위한 웨스트민스터 소요리문답 성경공부

저자 **김태희** 일러스트 **기남서** 도입활동 **이승범**

『시끌벅적 소요리문답 가정예배』의 저자 김태희 목사님께서
웨스트민스터 소요리문답으로 성경공부를 할 수 있도록 만들었습니다.
이제 가정과 교회에서 소요리문답을 쉽게 공부할 수 있습니다.

디다스코

목차

잠시 사역을 쉬던 시절이 있었습니다. 덕분에 아이들과 많은 시간을 함께할 수 있었습니다. 이 귀한 시간을 어떻게 사용할까 고민하던 중, 가정예배를 떠올렸습니다. 그리고 가정예배를 통해 소요리문답을 가르치면 참 좋겠다고 생각했습니다. 당시 저희 아이들은 2세, 4세, 6세였습니다.

아이들은 아빠와 함께라면 지옥이라도 가려고 합니다. 아빠와 함께하는 일은 무엇이든 좋아한단 뜻이지요. 가정예배도 마찬가지였습니다. 아이들은 재미없는 소요리문답 공부 시간을 손꼽아 기다렸습니다. 그리고 성실하게 참여했습니다. 외우라면 외우고, 따라하라면 따라하고, 질문하면 대답했습니다.

우연한 기회에 디다스코 대표님과 연락이 닿았습니다. 대표님은 교리 교육 원고를 찾고 계셨고, 마침 저에게는 가정에서 임상 실험을 거친 소요리문답 가정예배 설교집이 있었습니다. 의기투합하여 책으로 내기로 하였고, 결과는 기대 이상이었습니다. 요즘 같은 시대에 3쇄나 찍었으니 말이지요. 바로 그 책이 장안의 화제(?)가 된『시끌벅적 소요리문답 가정예배』입니다.

그러던 중, 이 책을 바탕으로 공과교재를 만들어 보자는 제안을 받게 되었습니다. 어린이를 위한 교리 교재가 많지 않으니 우리가 한번 만들어 보자는 의견이었습니다. 사실 출판사로서도 쉽지 않은 결정이었습니다. 책이야 글만 잘 다듬으면 되지만, 공과교재는 그림부터 시작해서 신경 쓸 부분이 하나 둘이 아니었기 때문입니다. 출판 비용도 일반 책보다 몇 배나 들어갈 것이 분명했습니다.

한동안 답을 주지 못했습니다. 공과교재는 처음이어서 잘할 자신도 없었습니다. 그런데 출판사에서 숨은 실력자들을 섭외해주셨습니다. 이승범 전도사님과 기남서 목사님입니다. 총신대 기독교교육과를 졸업한 이승범 전도사님은 도입 부분을 맡아 주셨고, 기남서 목사님은 일러스트를 맡아 주셨습니다. 어린이용 교재이기 때문에, 흥미를 돋울 도입 부분과 시각적 효과를 위한 일러스트는 매우 중요했습니다. 두 분의 참여로 저 역시 시작할 용기를 얻었습니다. 신선한 도입부와 멋진 일러스트를 만들어 주신 두 분께 다시 한 번 감사드립니다.

이 책은 유치부 또는 초등부 저학년을 염두에 두고 만들었습니다. 하지만 경우에 따라 초등부 고학년을 대상으로 사용하셔도 무방합니다. 설명이 쉽다고 해서 내용의 질이 떨어지는 것은 아닙니다. 그리고 교재와 해설이 한 권으로 되어 있습니다. 해설은 뒷부분에 있는데, 최대한 쉽게 설명되어 있으므로 꼼꼼하게 읽기만 하면 가르치는 데 어려움이 없을 것입니다. 좀 더 풍성한 해설이 필요하다면, 이 책의 토대가 되는『시끌벅적 소요리문답 가정예배』를 참고하시기 바랍니다.

다음 세대를 바른 말씀으로 양육하기 위해 애쓰고 있는, 이 땅의 모든 사역자와 교사 들을 응원합니다. 지금은 아무런 변화가 보이지 않아도 언젠가는 복음의 열매가 나타날 것입니다. 포기하지 말고 끝까지 이 길을 걸어가십시오. 우리가 가야 할 길은 빠른 길이 아니라 바른 길입니다. 그 길이 매우 좁더라도 말이지요.

1과

소요리문답 제1문

세상에서 가장 중요한 분은 누구일까요?

| 들어가기 |

서로 어울리는 짝을 찾아봅시다.

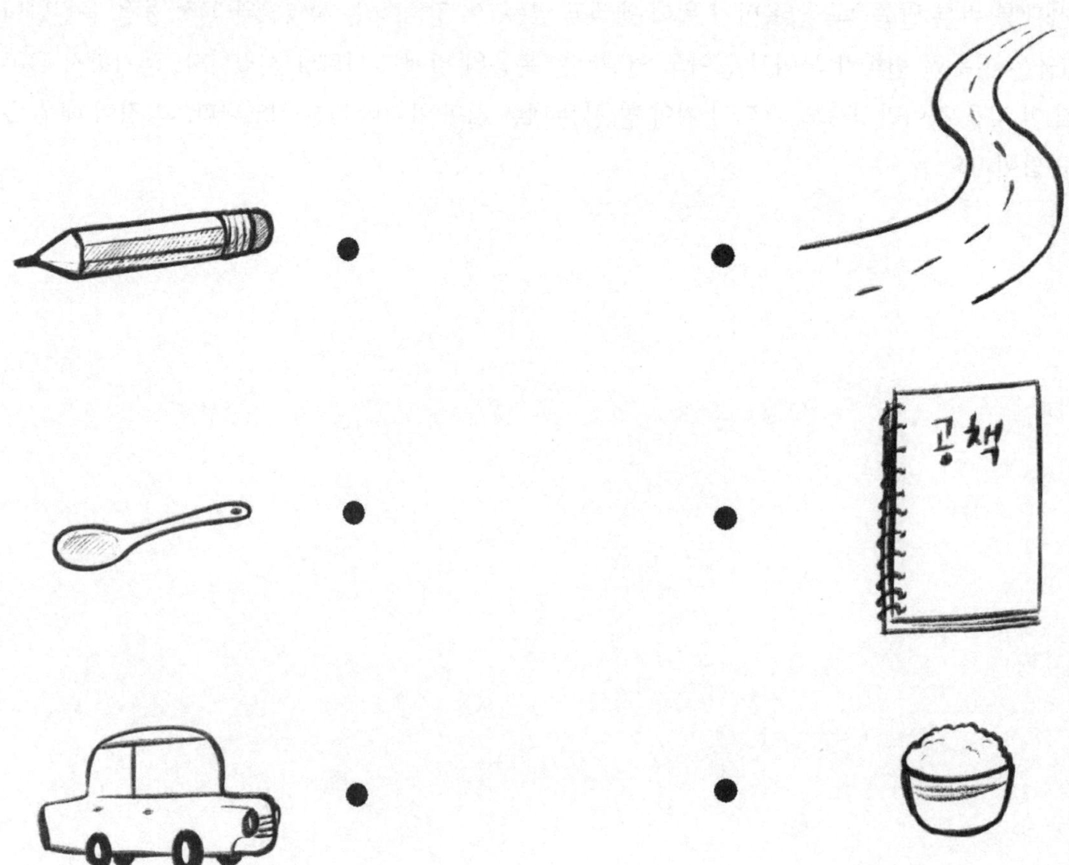

1. 색연필이 존재하는 목적은 무엇일까요?

2. 숟가락과 젓가락이 존재하는 목적은 무엇일까요?

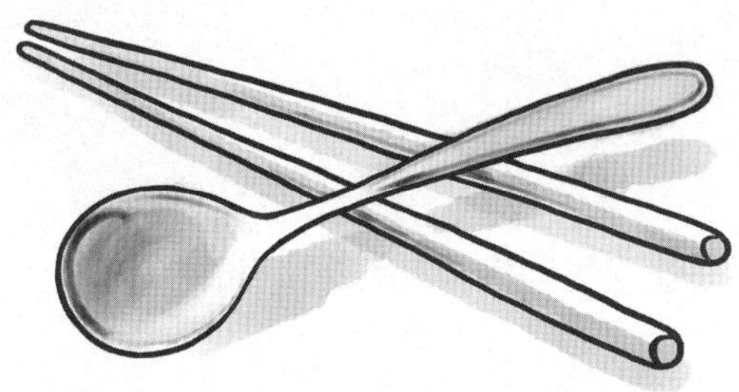

3. 우리가 존재하는 목적은 무엇일까요?

그런즉 너희가 먹든지 마시든지 무엇을 하든지 다 하나님의 영광을 위하여 하라(고전 10:31).

4. 우리는 무엇을 더 중요하게 여겨야 할까요?

| 결론 |

색연필은 그림을 그리기 위해 존재해요. 숟가락과 젓가락은 식사를 위해 존재하지요. 그렇다면 우리는 무엇을 위해 존재할까요? 우리는 하나님께 영광을 돌리기 위해 존재해요. 하나님을 영광스럽게 하기 위해서는 하나님을 가장 중요하게 여기는 삶을 살아야 해요. 친구들과 놀이터에서 노는 것보다 하나님을 중요하게 여기고, 변신 로봇 장난감과 예쁜 공주 인형보다 하나님을 더 중요하게 여겨야 해요.

| 성구 암송 |

그런즉 너희가 먹든지 마시든지 무엇을 하든지 다 하나님의 영광을 위하여 하라(고전 10:31).

| 웨스트민스터 소요리문답 |

제1문 사람의 첫째 되는 목적은 무엇입니까?

답 사람의 첫째 되는 목적은 하나님을 영화롭게 하고, 그분을 영원토록 즐거워하는 것입니다.

2과

소요리문답 제2문

왜 성경을 보아야 할까요?

| 들어가기 |

문 안에는 무엇이 있을까요? 추측해 보고 오른쪽 빈칸에 그려 봅시다.

1. 강아지가 사람의 마음을 알 수 있을까요?

2. 사람이 하나님의 마음을 알 수 있을까요?

3. 하나님의 마음을 알 수 있는 방법은 무엇인가요?

4. 우리에게 사탕이 중요한 만큼 하나님에게도 중요할까요?

| 결론 |

강아지는 너무 예쁘고 사랑스러워요. 하지만 강아지는 우리의 생각과 마음을 다 알지 못해요. 하나님과 사람의 관계도 마찬가지예요. 사람은 절대 하나님의 생각과 마음을 다 알지 못해요. 그래서 하나님께서 성경을 주셨어요. 성경은 하나님의 말씀이에요. 성경을 보면 하나님께서 어떤 분인지 알 수 있어요. 예를 들어 우리가 사탕을 좋아하듯이 하나님도 사탕을 좋아할까요? 아니에요. 성경을 보면 우리가 좋아하는 것과 하나님께서 좋아하는 것이 많이 다르다는 것을 알 수 있어요. 그래서 하나님께 영광을 돌리기 위해서는 반드시 성경을 보아야 해요.

| 성구 암송 |

또 어려서부터 성경을 알았나니 성경은 능히 너로 하여금 그리스도 예수 안에 있는 믿음으로 말미암아 구원에 이르는 지혜가 있게 하느니라(딤후 3:15).

| 웨스트민스터 소요리문답 |

제2문 하나님께서 우리에게 무슨 법칙을 주셔서 그분을 영화롭게 하고 즐거워하게 하셨습니까?

답 구약과 신약성경에 기록된 하나님의 말씀은 우리에게 그분을 영화롭게 하고 즐거워하는 방법을 가르쳐 주는 유일한 법칙입니다.

3과

소요리문답 제3문

성경은 어떤 책일까요?

| 들어가기 |

도둑이 소중한 물건을 훔쳐달아났어요. 도둑을 쫓아가니 4개의 문이 나왔어요. 아래 힌트를 읽고 도둑이 숨은 문을 찾아봅시다. 잘못된 문을 선택하면 도둑을 잡을 수 없어요!

힌트 1. 문의 손잡이는 동그란 모양이에요.

힌트 2. 문은 검은색이에요.

힌트 3. 도둑은 작은 숫자의 문으로 들어가는 것이 안전하다고 생각했어요.

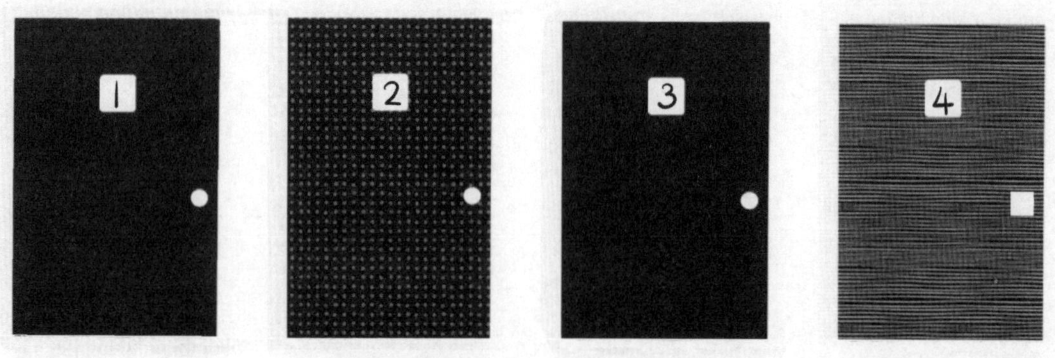

1. 성경을 보면 길을 잘 찾을 수 있을까요?

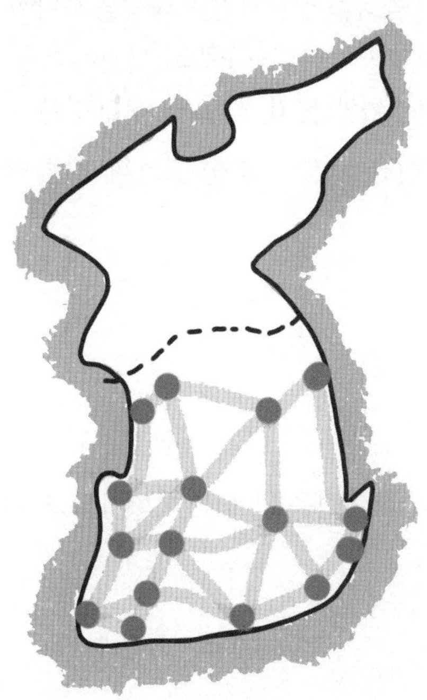

2. 성경을 보면 요리를 잘할 수 있을까요?

3. 성경을 보면 무엇을 알 수 있을까요?

첫째, 하나님은 어떤 분인가?

둘째, 우리는 어떻게 살아야 하는가?

| 결론 |

목적지로 가는 길을 찾으려면 지도책을 보아야 해요. 맛있는 음식을 만들려면 요리책을 보아야 하지요. 그러면 하나님께 영광 돌리는 방법은 어떤 책에 적혀 있을까요? 성경이에요. 성경이 가장 중요하게 설명하는 내용은 두 가지에요. 첫째, "하나님은 어떤 분인가?" 둘째, "우리는 어떻게 살아야 하는가?" 그래서 성경을 보아야만 바르게 믿는 사람, 바르게 사는 사람이 될 수 있어요. 이런 사람이 되기 위해 매일 성경을 보아야겠죠?

| 성구 암송 |

오직 이것을 기록함은 너희로 예수께서 하나님의 아들 그리스도이심을 믿게 하려 함이요 또 너희로 믿고 그 이름을 힘입어 생명을 얻게 하려 함이니라(요 20:31).

| 웨스트민스터 소요리문답 |

제3문 성경은 주로 무엇을 가르칩니까?

답 성경은 주로 사람이 하나님에 관하여 믿어야 할 바와 하나님께서 사람에게 요구하시는 의무를 가르칩니다.

4과

소요리문답 제4문

하나님은 어떤 분일까요?

| 들어가기 |

내가 너무 좋아하는 친구 믿음이, 소망이, 사랑이가 내일 같이 놀자고 해요. 그런데 문제가 있어요. 그림을 보고 나라면 어떻게 할지 말해 봅시다.

1. 엄마가 집안일을 끝내고 나서 피곤해 하는 이유는 뭘까요?

2. 사람은 어디에만 있을 수 있나요?

3. 하나님도 피곤하거나 아프실까요?

4. 하나님도 한 번에 한 장소에만 계실까요?

| 결론 |

엄마아빠는 자주 아프고 피곤하지요? 그 이유는 몸이 있기 때문이에요. 우리의 몸은 많이 사용하면 약해져요. 또 우리는 몸이 있는 곳에만 있을 수 있어요. 우리 집과 친구 집에 동시에 있을 수는 없어요. 그 이유도 몸이 있기 때문이에요. 하나님은 달라요. 하나님은 아프거나 피곤하시지 않아요. 또 하나님은 어디에나 계세요. 하나님은 우리 집에도 계시고, 친구 집에도 계시고, 저 멀리 해와 별에도 계세요. 하나님은 몸이 없으신 영이시기 때문이에요.

| 성구 암송 |

하나님은 영이시니 예배하는 자가 영과 진리로 예배할지니라(요 4:24).

| 웨스트민스터 소요리문답 |

제4문 하나님께서는 어떤 분이십니까?

답 하나님께서는 영이신데, 그분의 존재와 지혜와 능력과 거룩과 공의와 선하심과 진실하심이 무한하시며 영원하시고 불변하십니다.

5과

소요리문답 제5문

또 다른 하나님이 있을까요?

| 들어가기 |

성경에서 하나님을 몇 분이라고 말하고 있는지 사다리를 타고 내려가서 확인해 봅시다.

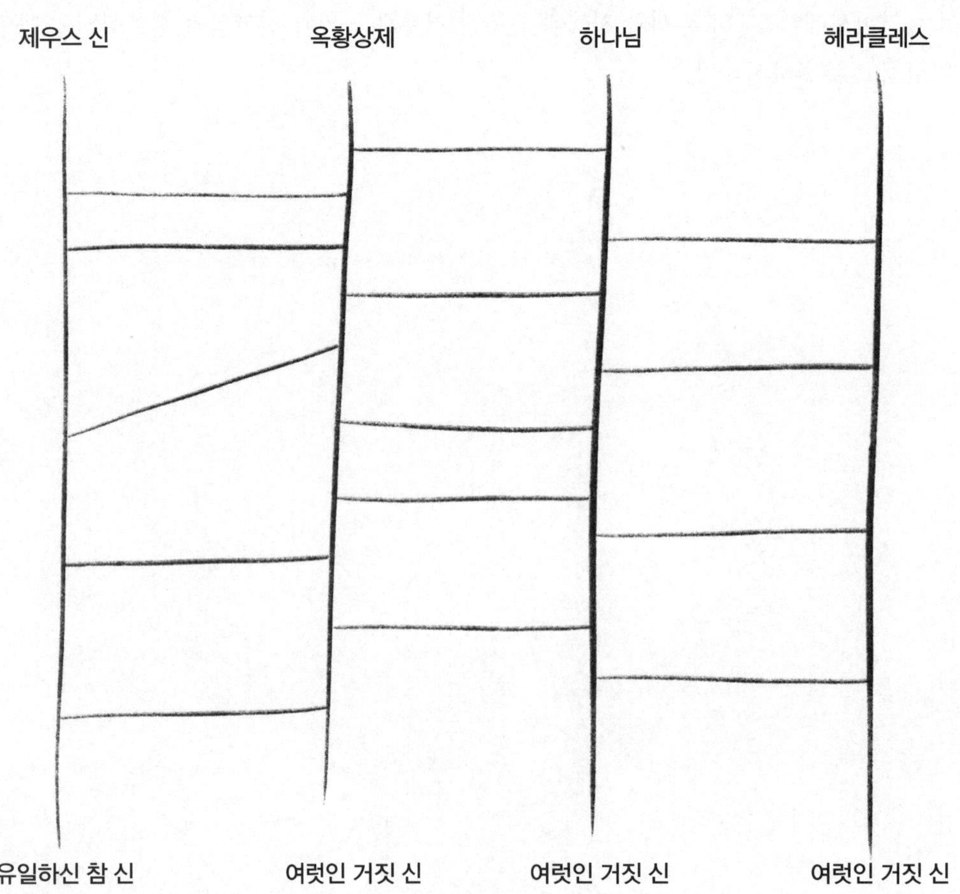

1. 그리스로마 신화 속 신은 몇 분인가요?

2. 전래동화 속 신은 몇 분인가요?

3. 성경은 하나님이 몇 분이라고 말하나요?

| 결론 |

사람들은 세상에 신이 아주 많다고 생각해요. 하늘에는 하늘 신, 바다에는 바다 신, 산에는 산신이 있다고 생각해요. 하지만 성경은 하나님이 한 분이라고 말해요. 영이신 하나님. 무엇이든 할 수 있는 하나님. 어디에나 계신 하나님. 그런 하나님은 한 분밖에 없어요.

| 성구 암송 |

이스라엘아 들으라 우리 하나님 여호와는 오직 유일한 여호와이시니(신 6:4).

| 웨스트민스터 소요리문답 |

제5문 하나님 한 분 외에 다른 신들이 있습니까?

답 오직 한 분뿐이시며 살아계시고 참되신 하나님이십니다.

6과

소요리문답 제6문

하나님은 몇 분일까요?

| 들어가기 |

성경을 보면 하나님이 세 분처럼 보이는 말씀이 있어요. 하지만 하나님은 한 분이에요. 한 분이신 하나님을 성경이 어떻게 구분하고 있는지, 마태복음 28장 19절을 인도자와 함께 찾아본 후에 적어 봅시다.

① ____________________

② ____________________

③ ____________________

1. 하나님은 몇 분인가요?

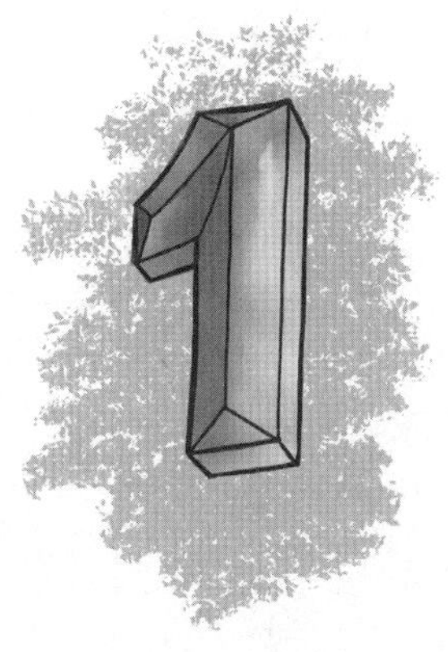

2. 한 분 하나님은 어떻게 구분되시나요?

3. 가장 강한 하나님은 누구인가요?

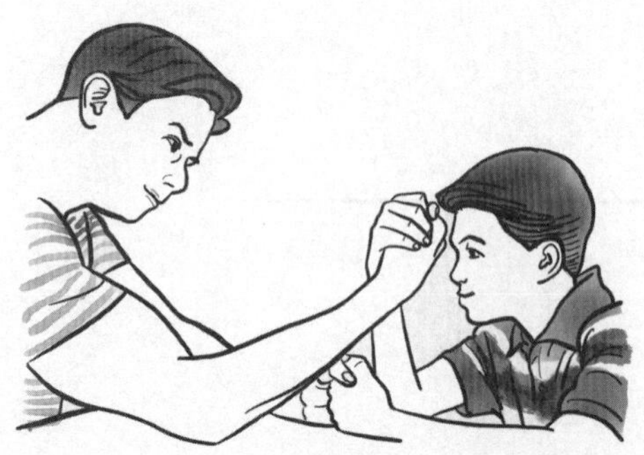

4. 가장 높은 하나님은 누구인가요?

| 결론 |

무엇이든 할 수 있고 어디에나 계신 하나님은 한 분밖에 없어요. 그런데 성경을 보면 마치 하나님이 세 분인 것 같아요. 아버지 하나님도 계시고, 아들 하나님도 계시고, 성령 하나님도 계시니까요. 분명히 한 분이신데, 세 분처럼 보이는 이 문제를 어떻게 해결해야 할까요? 이 문제를 해결하기 위해 교회는 '세 분 하나님'이라고 하지 않고, '삼위 하나님'이라고 해요. 그리고 구분되시지만 한 분이라는 뜻으로, '삼위일체 하나님'이라고 해요. 이것은 이해하기 어렵지만, 성경에 적혀 있는 내용이니 의심하지 않고 믿어야 해요. 그리고 삼위 하나님은 힘이나 지위가 똑같아요. 아들 하나님의 힘이 더 강하거나, 아버지 하나님의 지위가 더 높은 것이 아니에요.

| 성구 암송 |

그러므로 너희는 가서 모든 민족을 제자로 삼아 아버지와 아들과 성령의 이름으로 세례를 베풀고(마 28:19).

| 웨스트민스터 소요리문답 |

제6문 하나님의 신격에는 몇 위가 계십니까?

답 하나님의 신격에는 삼위가 계시며, 성부, 성자, 성령이십니다. 이 삼위는 한 분 하나님이시며, 본질이 같으시며, 능력과 영광에 있어서는 동등하십니다.

7과
소요리문답 제7문

하나님의 작정이란 무엇인가요?

| 들어가기 |

적혀 있는 목표 중에서 지킬 수 있는 것에 ○표, 지키기 어려운 것에 X표를 해주세요. 만약 전부 ○표라면, 지키기 어려운 목표를 하나 적어 보세요.

나의 목표

- 학교에 지각하지 않기 ( )
- 일주일에 책 한권씩 읽기 ( )
- 편식하지 않기 ( )
- 부모님 말씀 잘 듣기 ( )
- 매일 운동하기 ( )

지키기 어려운 목표

____

1. 우리가 계획한 일이 항상 성공했나요?

2. 하나님이 계획하신 일 중 실패한 것이 있을까요?

일을 행하시는 여호와, 그것을 만들며 성취하시는 여호와, 그의 이름을 여호와라 하는 이가 이와 같이 이르시도다(렘 33:2).

3. 하나님은 언제 계획을 세우셨나요?

| 결론 |

장난감이나 과자를 사려다가 부모님이 허락하지 않아 실패한 적이 있죠? 이처럼 사람이 세운 계획은 실패할 때가 많아요. 하지만 하나님이 계획하신 일은 절대 실패하지 않아요. 성경을 보면 하나님을 "성취하시는 여호와"라고 말하고 있어요. 성취한다는 것은 계획한 것을 이룬다는 뜻이에요. 하나님은 계획한 일을 모두 이루시는 분이에요. 하나님은 세상을 만드시기 전에 모든 것을 계획하셨고, 하나도 남김없이 모두 이루세요. 이처럼 절대로 실패하지 않는 하나님의 계획을, 하나님의 작정이라고 해요.

| 성구 암송 |

모든 일을 그의 뜻의 결정대로 일하시는 이의 계획을 따라 우리가 예정을 입어 그 안에서 기업이 되었으니(엡 1:11).

| 웨스트민스터 소요리문답 |

제7문 하나님의 작정은 무엇입니까?

답 하나님의 작정은 하나님의 영원한 계획과 목적인데, 하나님의 작정에 따라 하나님께서는 일어날 모든 일들을 자기 영광을 위하여 미리 정하셨습니다.

8과
소요리문답 제8-9문

창조란 무엇일까요?

| 들어가기 |

하나님께서 지으신 에덴동산을 색칠하여 채워 봅시다.

1. 공룡을 그리려면 무엇이 필요할까요?

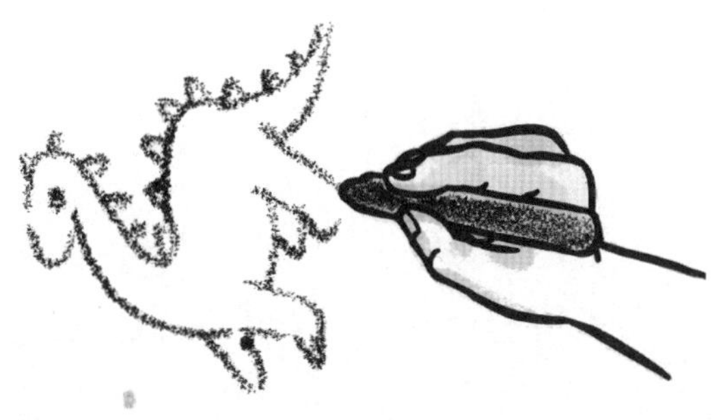

2. 종이비행기를 만들려면 무엇이 필요할까요?

3. 하나님은 어떻게 세상을 만드셨나요?

여호와의 말씀으로 하늘이 지음이 되었으며 그 만상을 그의 입 기운으로 이루었도다(시 33:6).

4. 말씀만으로 만들어진 세상에 부족함이 있나요?

| 결론 |

공룡을 그리려면 색연필이 필요해요. 종이비행기를 만들려면 종이가 필요하지요. 우리가 무언가를 만들기 위해서는 도구와 재료가 필요해요. 하지만 하나님은 아무런 도구와 재료 없이 오직 말씀만으로 모든 것을 만드셨어요. 말씀만으로 만들어진 세상은 멋진 예술 작품처럼 너무나 완전했어요. 이것을 하나님의 창조라고 해요.

| 성구 암송 |

태초에 하나님이 천지를 창조하시니라(창 1:1).

| 웨스트민스터 소요리문답 |

제8문 하나님께서 자신의 작정을 어떻게 이루십니까?

답 하나님께서 창조와 섭리를 통해 자신의 작정을 이루십니다.

제9문 창조는 무엇입니까?

답 창조는 하나님께서 6일 동안에 단지 말씀만으로 아무것도 없는 데서 만물을 지으신 것인데, 모든 것을 매우 좋게 만드신 것입니다.

9과

소요리문답 제10문

사람은 어떤 존재인가요?

| 들어가기 |

거울에 비친 내 모습을 그려 보아요.

1. 하나님의 작품 중에 최고의 작품은 무엇일까요?

2. 사람이 최고의 작품인 이유는 무엇인가요?

하나님이 이르시되 우리의 형상을 따라 우리의 모양대로 우리가 사람을 만들고 그들로 바다의 물고기와 하늘의 새와 가축과 온 땅과 땅에 기는 모든 것을 다스리게 하자 하시고(창 1:26).

3. 하나님 대신 만물을 돌보려면 무엇이 필요할까요?

4. 왜 사람을 남자와 여자로 지으셨나요?

| 결론 |

하나님의 작품 중에 최고의 작품은 사람이에요. 그 이유는 사람이 하나님 대신 만물을 돌보는 존재로 창조되었기 때문이에요. 하나님은 사람의 손을 통해 예쁜 꽃과 동물들을 돌보세요. 사람이 하나님 대신 만물을 돌보려면 하나님을 닮은 지혜와 착한 마음이 있어야 해요. 그래서 하나님께서는 사람을 하나님을 닮은 존재, 즉 '하나님의 형상'으로 만드셨어요. 그리고 하나님은 서로의 부족한 부분을 도우라고, 사람을 남자와 여자로 지으셨어요.

| 성구 암송 |

하나님이 자기 형상 곧 하나님의 형상대로 사람을 창조하시되 남자와 여자를 창조하시고(창 1:27).

| 웨스트민스터 소요리문답 |

제10문 하나님께서는 사람을 어떻게 창조하셨습니까?

답 하나님께서는 사람을 남자와 여자로 창조하시되, 하나님의 형상을 따라 지식과 의와 거룩함이 있게 하셨고, 다른 모든 피조물을 다스리게 하셨습니다.

10과
소요리문답 제11문

섭리란 무엇일까요?

| 들어가기 |

만약 우리가 하나님이라면 다음 상황에서 어떻게 할까요?

다친 강아지

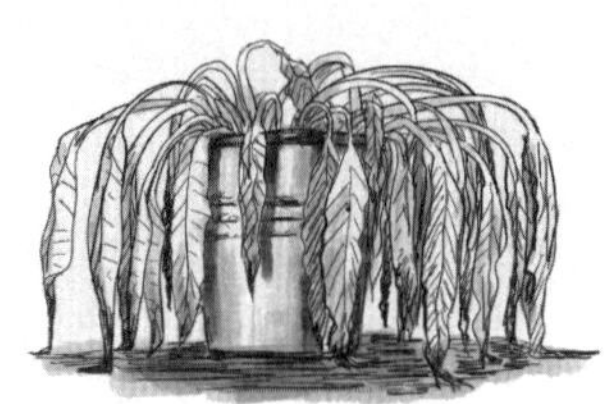

죽은 식물

우는 아이

1. 부모님이 자녀를 그냥 내버려둘까요?

2. 하나님이 세상을 그냥 두실까요?

참새 두 마리가 한 앗사리온에 팔리지 않느냐 그러나 너희 아버지께서 허락하지 아니하시면 그 하나도 땅에 떨어지지 아니하리라(마 10:29).

3. 하나님께서 우리를 내버려두시는 경우가 있을까요?

여호와께서 너를 실족하지 아니하게 하시며 너를 지키시는 이가 졸지 아니하시리로다(시 121:3).

| 결론 |

부모는 어린 자녀를 절대 그냥 내버려두지 않아요. 항상 자녀와 함께하면서, 안아주고, 먹여주고, 재워주지요. 하나님도 마찬가지예요. 심지어 하나님은 참새처럼 별로 중요해 보이지 않는 동물도 돌봐주세요. 그렇다면 사람을 돌보시는 것은 너무나 당연한 일이겠죠? 그런데 하나님께서 주무시면 누가 우리를 돌봐줄까요? 걱정할 필요 없어요. 하나님은 영이셔서 주무시거나 지치지 않고, 항상 우리를 돌봐주시니까요. 이것을 하나님의 섭리라고 해요.

| 성구 암송 |

참새 두 마리가 한 앗사리온에 팔리지 않느냐 그러나 너희 아버지께서 허락하지 아니하시면 그 하나도 땅에 떨어지지 아니하리라(마 10:29).

| 웨스트민스터 소요리문답 |

제11문 하나님의 섭리는 무엇입니까?

답 하나님의 섭리는 자기가 지으신 모든 피조물들과 그 모든 행동들을 지극히 거룩하고, 지혜롭고, 능력 있게 보존하시며 다스리시는 것입니다.

11과

소요리문답 제12문

선악과는 왜 만드셨을까요?

| 들어가기 |

하나님께서는 세상을 창조하신 후에 보시기에 좋다고 하셨어요. 그런데 사람을 창조하신 이후에는 표현이 조금 달라져요. 어떻게 달라지는지 창세기 1장 31절을 찾아서 써 봅시다.

하나님이 지으신 그 모든 것을 보시니
보시기에 ○○ 좋았더라
저녁이 되고 아침이 되니
이는 여섯째 날이니라
(창세기 1장 31절)

1. 개구리의 종류는 얼마나 될까요?

2. 수많은 생물 중 하나님께서 가장 사랑하는 대상은 누구일까요?

3. 하나님께서 사람을 가장 사랑하신다는 증거는 무엇인가요?

여호와 하나님이 그 사람에게 명하여 이르시되 동산 각종 나무의 열매는 네가 임의로 먹되 선악을 알게 하는 나무의 열매는 먹지 말라 네가 먹는 날에는 반드시 죽으리라 하시니라(창 2:16-17).

| 결론 |

세상에는 수많은 종류의 생물이 있어요. 개구리의 종류만 해도 무려 2,580종이나 된답니다. 그중에서 하나님께서 가장 사랑하는 존재는 사람이에요. 이것은 하나님께서 사람과 맺은 약속을 통해 알 수 있어요. 하나님은 사람하고만 "선악과 열매를 먹지 않으면 영생을 주겠다"는 약속을 하셨어요. 순종하면 복을 주겠다는 약속은 오직 사람에게만 하신 일이에요. 하나님은 사람을 너무 사랑하셔서, 사람이 하나님께 순종하는 모습을 보고 싶으셨던 거예요. 지금도 하나님은 우리가 순종하기를 원하세요. 우리를 사랑하시니까요.

| 성구 암송 |

선악을 알게 하는 나무의 열매는 먹지 말라 네가 먹는 날에는 반드시 죽으리라 하시니라(창 2:17).

| 웨스트민스터 소요리문답 |

제12문 하나님께서 사람을 창조하시고 특별히 섭리하신 것은 무엇입니까?

답 하나님께서 사람을 창조하시고 특별히 섭리하신 것은, 완전히 순종하면 영생을 주시고, 선악과를 따먹지 말라는 명령에 불순종하면 죽음의 형벌을 주겠다고 하신 것입니다.

12과

소요리문답 제13-15문

사람이 처음으로 지은 죄는 무엇인가요?

| 들어가기 |

아래 그림은 부모님이 가급적 먹지 말라고 하시는 것들이에요. 부모님의 말씀을 듣지 않으면 어떻게 될까요? 그리고 부모님은 왜 먹지 말라고 하실까요?

1. 죄란 무엇일까요?

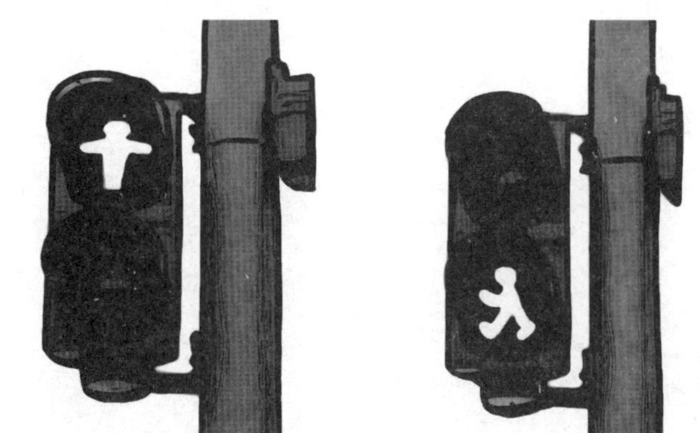

2. 아담은 어떤 죄를 지었나요?

3. 죄를 지은 결과는 무엇인가요?

| 결론 |

도로 위에는 수많은 자동차가 있는데, 자동차끼리 부딪치는 경우는 극히 드물어요. 파란 불에는 진행하고, 빨간 불에는 멈추기로 한 약속 때문이에요. 그런데 약속을 어기면 어떻게 될까요? 사고가 나겠죠? 이처럼 약속을 어기는 것을 죄라고 해요. 아담은 하나님과 맺은 약속을 어겼어요. 이것이 사람이 지은 첫 번째 죄에요. 그리고 죄로 인해 사람은 타락한 존재가 되었어요. 타락이란 썩어서 못 먹게 된 수박처럼, 사람의 마음이 더러워진 것을 말해요.

| 성구 암송 |

죄를 짓는 자마다 불법을 행하나니 죄는 불법이라(요일 3:4).

| 웨스트민스터 소요리문답 |

제13문 우리 시조는 창조된 본래의 상태에 계속 머물렀습니까?

답 우리 시조는 자유의지를 가지고 하나님께 범죄하여 창조된 본래의 상태에서 타락하였습니다.

제14문 죄는 무엇입니까?

답 죄는 하나님의 율법에 부족하게 순종하거나 그것을 어기는 것입니다.

제15문 우리 시조가 창조된 본래의 상태에서 타락하게 된 죄는 무엇이었습니까?

답 우리 시조가 창조된 본래의 상태에서 타락하게 된 죄는 금지된 열매를 먹은 것이었습니다.

아담이 죄를 지은 결과는 무엇일까요?

| 들어가기 |

학교에서 이어달리기 시합이 열렸는데 우리반 선수들이 우승을 했어요. 심판은 누구에게 우승 트로피를 줄까요?

1. 아담의 범죄로 아담 한 사람만 타락했나요?

2. 왜 모든 사람이 타락했나요?

3. 모든 사람은 어떤 상태에 있나요?

| 결론 |

아담이 타락할 때 아담 한 사람만 타락한 것이 아니라, 모든 사람이 타락했어요. 아직 태어나지 않은 사람도 말이에요. 아담이 모든 사람의 대표이기 때문이에요. 예를 들어 아빠가 서울에서 부산으로 이사를 가서, 서울 사람에서 부산 사람으로 소속이 바뀌면, 자녀들도 다 같이 서울 사람에서 부산 사람으로 소속이 바뀌어요. 아빠는 가정의 대표이고, 자녀들은 아빠에게 소속되어 있기 때문이에요. 아담도 마찬가지예요. 아담은 모든 사람의 대표이기 때문에, 모든 사람은 아담이 죄를 지을 때 함께 죄를 짓고, 아담이 타락할 때 함께 타락했어요. 그래서 장차 모든 사람이 하나님께 벌을 받아야 해요.

| 성구 암송 |

그러므로 한 사람으로 말미암아 죄가 세상에 들어오고 죄로 말미암아 사망이 들어왔나니 이와 같이 모든 사람이 죄를 지었으므로 사망이 모든 사람에게 이르렀느니라(롬 5:12).

| 웨스트민스터 소요리문답 |

제16문 모든 사람이 아담의 첫 범죄로 타락한 것입니까?

답 아담과 하신 약속은 아담만이 아니라 아담의 후손과도 하신 것이므로, 일반적인 출생 방법으로 태어난 사람은 모두 아담 안에서 범죄하였고, 아담과 함께 타락한 것입니다.

제17문 아담의 타락은 인류를 어떤 상태에 빠지게 하였습니까?

답 아담의 타락은 인류를 죄와 비참의 상태에 빠지게 하였습니다.

죄의 종류는 무엇인가요?

| 들어가기 |

아래 동물들은 자라서 어떤 모습이 될까요?

1. 사과나무에는 내년에 어떤 열매가 맺힐까요?

2. 귤나무에는 내년에 어떤 열매가 맺힐까요?

3. 타락한 아담과 하와 사이에서는 어떤 아이가 태어날까요?

4. 왜 나쁜 행동은 배우지 않아도 잘 할까요?

| 결론 |

사과나무에는 항상 사과가 열려요. 귤나무에는 항상 귤이 열리지요. 사과나무는 사과의 본성을, 귤나무는 귤의 본성을 가지고 있기 때문이에요. 마찬가지로 타락한 아담과 하와 사이에서는 타락한 사람이 태어나요. 타락한 본성을 가지고 있기 때문이에요. 이렇게 태어날 때부터 타락한 본성을 가지고 태어나는 것을 '원죄'라고 해요. 그리고 타락한 본성 때문에 실제로 죄를 짓는 것을 '자범죄'라고 해요. 사람이 배우지 않아도 나쁜 행동을 하는 이유가 여기에 있어요. 사람은 죄를 지어 죄인이 되는 것이 아니라, 죄인으로 태어났기 때문에 죄를 지어요.

| 성구 암송 |

내가 죄악 중에서 출생하였음이여 어머니가 죄 중에서 나를 잉태하였나이다(시 51:5).

| 웨스트민스터 소요리문답 |

제18문 타락한 사람에게 나타나는 죄에는 몇 종류가 있습니까?

답 원죄와 자범죄 두 종류인데, 원죄는 죄의 책임과 원래 의로움의 결핍과 본성 전체의 부패이며, 자범죄는 이 원죄로부터 나오는 실제 죄들입니다.

15과

소요리문답 제19-20문

우리도 지옥 형벌을 받나요?

| 들어가기 |

까치 새끼들이 뱀에게 잡아먹힐 것 같아요. 어미 까치가 어쩔 줄 몰라하고 있을 때, 지나가던 사람이 까치를 구해줬어요. 이 동화의 제목은 뭘까요?

1. 모든 사람이 죄를 지었으므로, 모든 사람이 지옥으로 가나요?

2. 왜 우리는 지옥 형벌을 받지 않나요?

3. 하나님은 왜 우리를 선택해주셨나요?

| 결론 |

불에 닿으면 매우 뜨겁고 아프지요? 성경은 지옥을 꺼지지 않는 불로 묘사해요. 그만큼 무섭고 고통스런 곳이라는 뜻이에요. 그렇다면 우리도 지옥으로 갈까요? 아니에요. 하나님께서 우리를 천국 갈 사람으로 선택해주셨어요. 그렇다면 하나님께서 우리를 선택하신 이유는 무엇일까요? 우리가 착한 사람이기 때문일까요? 아니에요. 하나님은 아무 조건 없이 우리를 선택해주셨어요. 그래서 구원은 하나님의 선물이에요.

| 성구 암송 |

그리스도 예수 안에 있는 속량으로 말미암아 하나님의 은혜로 값없이 의롭다 하심을 얻은 자 되었느니라(롬 3:24).

| 웨스트민스터 소요리문답 |

제19문 인류가 타락한 상태의 비참은 무엇입니까?

답 인류는 타락으로 인해 하나님과의 교제를 상실하여, 하나님의 진노와 저주 아래 있게 되었으며, 그 결과 세상에서는 비참하게 살고, 죽어서는 지옥에서 영원한 지옥 형벌을 받게 되었습니다.

제20문 하나님은 모든 사람이 죄와 비참 가운데 멸망하도록 내버려두셨습니까?

답 하나님은 자신의 선한 뜻을 따라 영원 전부터 어떤 이들을 선택하여 영생을 주시기로 하시고, 그들과 은혜 언약을 맺으셔서 구속자를 통해 죄와 비참의 상태에서 건져내시고, 구원에 이르게 하셨습니다.

16과

소요리문답 제21문

우리는 누구 때문에 구원을 받나요?

| 들어가기 |

우리와 하나님 사이에는 건널 수 없는 간격이 있어요. 그 간격을 죄라고 해요. 우리의 모습을 본 하나님께서 다리를 하나 놓아주셨는데, 그 다리에는 누군가의 이름이 쓰여 있어요. 누구의 이름일까요?

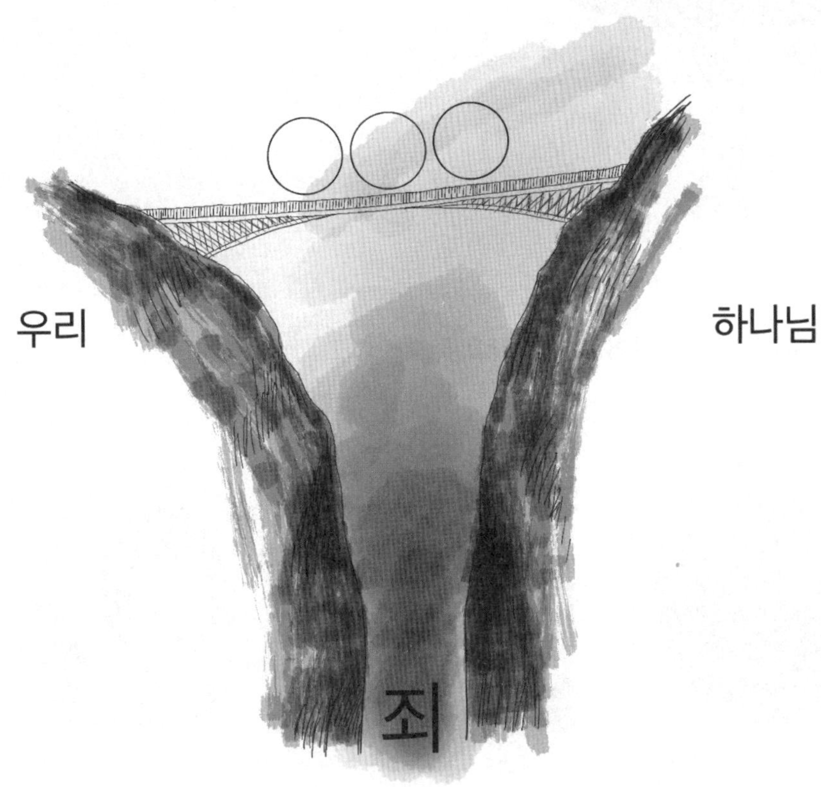

1. 우리는 누구 때문에 구원을 받나요?

2. 왜 우리의 구원자는 사람이어야 하나요?

3. 왜 우리의 구원자는 하나님이어야 하나요?

| 결론 |

우리가 하나님께 은혜를 받는 이유는 예수님 때문이에요. 예수님이 우리 대신 십자가에서 죽으셨기 때문에 하나님께 은혜를 받을 수 있어요. 그런데 왜 예수님이 대신 죽으셔야 했을까요? 예수님은 사람이신 동시에 하나님이시기 때문이에요. 우리의 구원자가 사람이어야 하는 이유는, 하나님께 죄를 지은 당사자가 사람이기 때문이에요. 예를 들어 1반 아이들이 죄를 지었는데, 2반 아이들을 벌할 수는 없겠죠? 우리의 구원자가 하나님이어야 하는 이유는 우리 모두를 대신할 가치를 가진 분이 하나님밖에 없기 때문이에요. 예를 들어 5만원을 빌렸으면 5만원을 갚아야지 10원만 갚으면 안 되겠죠? 예수님은 하나님이시기 때문에, 우리 모두를 대신하기에 충분한 가치를 가지고 계세요.

| 성구 암송 |

하나님은 한 분이시요 또 하나님과 사람 사이에 중보자도 한 분이시니 곧 사람이신 그리스도 예수라 (딤전 2:5).

| 웨스트민스터 소요리문답 |

제21문 하나님이 선택하신 자들의 구속자는 누구입니까?

답 하나님이 선택하신 자들의 유일한 구속자는 주 예수 그리스도입니다. 그는 하나님의 영원하신 아들로서 사람이 되셨으며, 영원토록 하나님이신 동시에 사람이십니다.

17과

소요리문답 제22문

하나님의 아들께서 정말 사람이 되셨나요?

| 들어가기 |

예수님을 목격한 사람들이 마을에 나타났어요. 사람들이 하는 말이 진실인지 거짓인지 확인해보고 맞는 것에 ○표를 해봅시다.

"내가 봤는데 예수님이 물 위를 걷다가 금방 물속으로 빠지던데?"

"나는 예수님이 성령으로 잉태되어 우리와 달리 죄가 없다는 걸 알아."

"내가 들었는데 예수님이 하나님과 자신이 하나라고 하셨어."

"에이~ 무슨 말이야. 예수님은 우리와 똑같이 죄인이고 하나님과 하나도 아니야."

1. 우리가 이런 모습이 되어서 한 달을 살 수 있을까요?

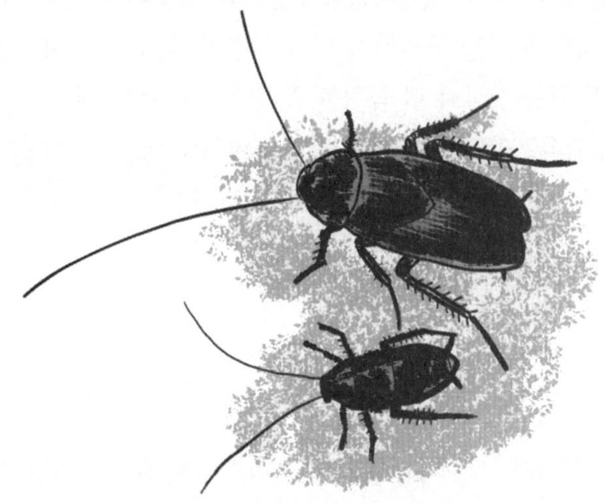

2. 예수님은 우리 때문에 어떤 모습이 되셨나요?

3. 사람이 되셨으면 예수님도 죄인인가요?

| 결론 |

친구들은 지렁이나 벌레의 모습으로 한 달 동안 살 수 있나요? 생각만 해도 끔찍하지요? 그런데 예수님은 더 끔찍한 일을 겪으셨어요. 예수님은 우리를 구원하기 위해 사람이 되셨어요. 하나님이신 예수님이 사람이 되신 것은, 우리가 벌레가 되는 것보다 더 끔찍한 일이에요. 그런데 예수님도 사람이 되셨으니, 원죄를 가진 죄인이 되는 걸까요? 아니에요. 예수님은 우리처럼 아빠와 엄마를 통해 태어나지 않고, 성령의 능력으로 태어나셨어요. 그래서 예수님은 사람이 되셨어도 죄는 없으세요.

| 성구 암송 |

말씀이 육신이 되어 우리 가운데 거하시매 우리가 그의 영광을 보니 아버지의 독생자의 영광이요 은혜와 진리가 충만하더라(요 1:14).

| 웨스트민스터 소요리문답 |

제22문 하나님의 아들이신 그리스도께서 어떻게 사람이 되셨습니까?

답 하나님의 아들이신 그리스도께서는 실제 몸과 이성적인 영혼을 취하심으로 사람이 되셨으며, 성령의 능력으로 처녀의 몸에서 태어나셨으나 죄는 없으십니다.

왜 예수님을 그리스도라고 부르나요?

| 들어가기 |

예수님을 소개하는 카드가 있네요. 그런데 카드에 '하는 일'이 빠져 있어요. 예수님께서 하신 일을 생각나는 대로 적어 봅시다.

<소개카드>

이름: 예수
고향: 베들레헴
하는일:

1. 그리스도는 어떤 뜻인가요?

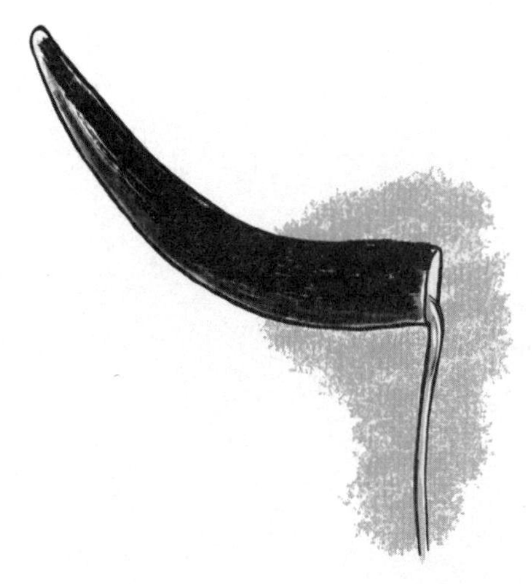

2. 누구에게 기름을 부었나요?

| 결론 |

사람마다 하는 일이 있어요. 요리사는 음식 만드는 일을, 선생님은 가르치는 일을 해요. 예수님도 이 땅에서 하신 일이 있어요. 왕과, 선지자와, 제사장의 일이에요. 왕과 선지자와 제사장의 일을 하기 위해서는 몸에 기름을 붓는 과정을 거쳐야 했어요. 그래서 이런 일을 하는 사람들을 '기름 부음 받은 자'라는 뜻으로 '그리스도'라고 불렀어요. 예수님도 왕과 선지자와 제사장의 일을 하셔서, 그리스도라고 불려요.

| 성구 암송 |

시몬 베드로가 대답하여 이르되 주는 그리스도시요 살아 계신 하나님의 아들이시니이다(마 16:16).

| 웨스트민스터 소요리문답 |

제23문 그리스도는 우리의 구속자로서 어떤 직분을 수행하십니까?

답 그리스도는 우리의 구속자로서 낮아지고 높아지신 모든 상태에서 선지자와 제사장과 왕의 직분을 수행하십니다.

19과

소요리문답 제24문

왜 예수님을 선지자라고 부르나요?

| 들어가기 |

내가 한 말을 가장 정확하게 전달할 수 있는 사람을 1등, 2등, 3등 순위로 시상대에 올려 봅시다.

- 나랑 제일 친한 친구
- 나 자신
- 나랑 친하지 않은 친구

1. 동물이 사람의 말을 이해하고 그대로 전달할 수 있을까요?

2. 하나님의 말씀을 가장 잘 전달할 수 있는 분은 누구일까요?

나와 아버지는 하나이니라(요 10:30).

3. 예수님은 무엇을 통해 하나님의 말씀을 전달해 주시나요?

| 결론 |

선지자는 하나님의 말씀을 사람들에게 전달하는 일을 해요. 그런데 선지자도 사람이기 때문에 하나님의 생각과 마음을 다 알 수 없어요. 그러나 예수님은 달라요. 예수님은 사람인 동시에 하나님이셔서, 하나님의 뜻을 전부 다 알고 계세요. 그래서 예수님은 가장 완전한 선지자예요. 예수님은 지금도 성경과 성령님을 통해 하나님의 말씀을 전해 주세요. 우리가 성경을 이해할 수 있는 것은, 예수님께서 보내신 성령님이 우리 안에 계시기 때문이에요. 성령님이 도와주셔야만 성경을 읽고 이해할 수 있어요.

| 성구 암송 |

본래 하나님을 본 사람이 없으되 아버지 품속에 있는 독생하신 하나님이 나타내셨느니라(요 1:18).

| 웨스트민스터 소요리문답 |

제24문 그리스도는 선지자 직분을 어떻게 수행하십니까?

답 그리스도는 우리를 구원하려는 하나님의 뜻을 말씀과 성령으로 우리에게 나타내심으로 선지자 직분을 수행하십니다.

20과
소요리문답 제25문

왜 예수님을 제사장이라고 부르나요?

| 들어가기 |

도둑이 지은 죄를 용서받기 위해서는 어떤 방법들이 있을까요? 두 가지만 적어 볼까요? 그러고 나서 도둑이 또 죄를 짓는다면 어떻게 될까요?

1) ______________________

2) ______________________

1. 제사장은 어떤 일을 했나요?

2. 제사장은 왜 반복해서 제사를 드렸나요?

3. 지금은 왜 제사를 드리지 않나요?

| 결론 |

하나님께 죄를 지으면 죽음의 벌을 받아야 해요. 그런데 하나님께서는 우리가 받아야 할 벌을 짐승이 대신 받도록 허락해 주셨어요. 이 일을 하는 사람을 제사장이라고 해요. 제사장은 짐승을 죽이는 일을 반복해서 했어요. 짐승으로는 사람의 죄를 전부 해결할 수 없었기 때문이에요. 예수님도 제사장이에요. 예수님께서 자기 몸으로 제사를 드리셨기 때문이에요. 그런데 예수님이 죽으신 이후로는 더 이상 제사를 드리지 않아요. 하나님이신 예수님의 죽음은, 우리의 죄를 전부 다 해결하고도 남음이 있기 때문이에요.

| 성구 암송 |

죄의 삯은 사망이요 하나님의 은사는 그리스도 예수 우리 주 안에 있는 영생이니라(롬 6:23).

| 웨스트민스터 소요리문답 |

제25문 그리스도는 제사장 직분을 어떻게 수행하십니까?

답 그리스도는 우리를 위해 단 한 번에 자기를 희생 제물로 드려 하나님의 공의를 만족시키고, 우리를 하나님과 화해시키며, 우리를 위해 계속 중보함으로써 제사장 직분을 수행하십니다.

21과

소요리문답 제26문

왜 예수님을 왕이라고 부르나요?

| 들어가기 |

세 동물의 공통점을 한 글자로 말해 봅시다.

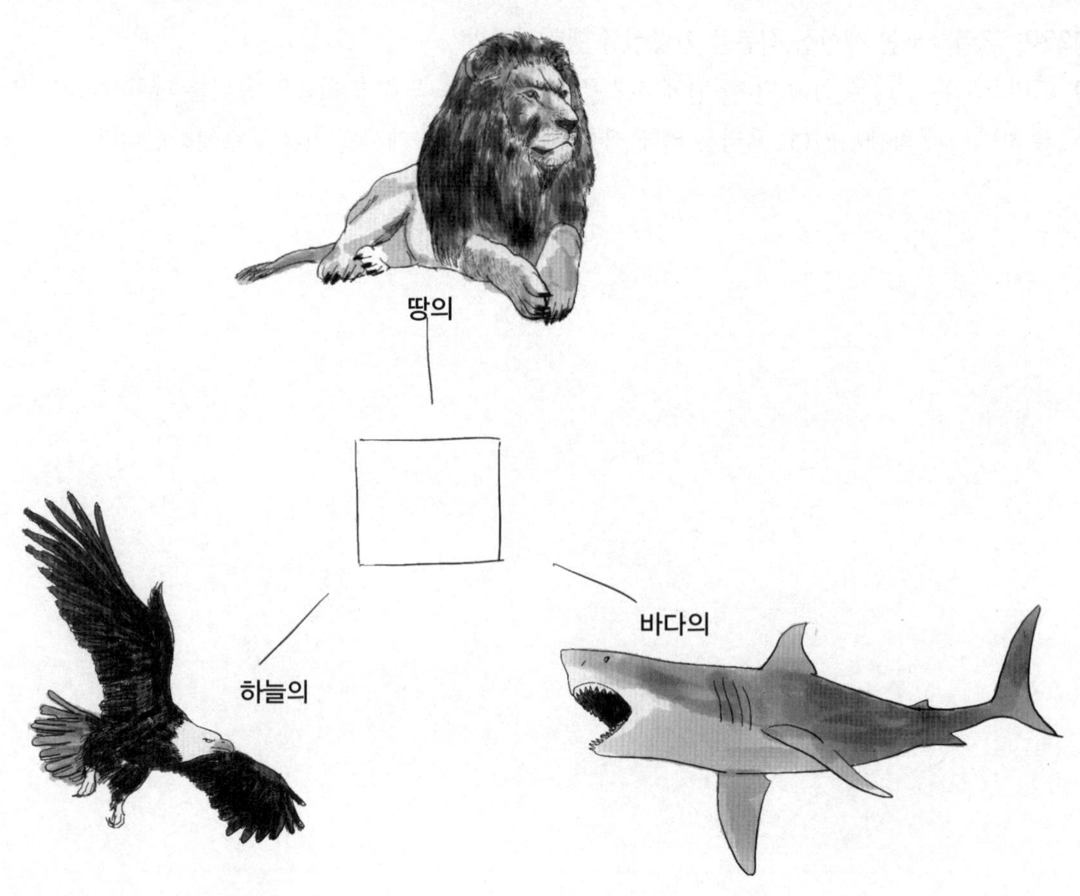

1. 왕은 어떤 일을 하는 사람인가요?

2. 백성은 왕 앞에서 어떻게 행동 해야 하나요?

3. 이제 우리의 왕은 누구인가요?

| 결론 |

왕은 적으로부터 자기 백성을 보호하는 일을 해요. 대신 백성들은 왕에게 순종해야 하지요. 우리의 왕은 예수님이에요. 예수님께서 우리의 몸과 영혼을 항상 보호해 주시거든요. 그래서 우리는 항상 예수님께 순종하며 살아야 해요.

| 성구 암송 |

이러므로 하나님이 그를 지극히 높여 모든 이름 위에 뛰어난 이름을 주사(빌 2:9).

| 웨스트민스터 소요리문답 |

제26문 그리스도는 왕의 직분을 어떻게 수행하십니까?

답 그리스도는 우리를 자신에게 복종하게 하시고, 우리를 다스리고 보호하며, 자신과 우리의 모든 원수를 제어하고 정복함으로써 왕의 직분을 수행하십니다.

22과

소요리문답 제27문

예수님은 어디까지 낮아지셨나요?

| 들어가기 |

성경을 보면 예수님은 사람처럼 사시면서 낮아지셨어요. 하나님이신 예수님이 사람처럼 사신 사건을 순서대로 써 봅시다.

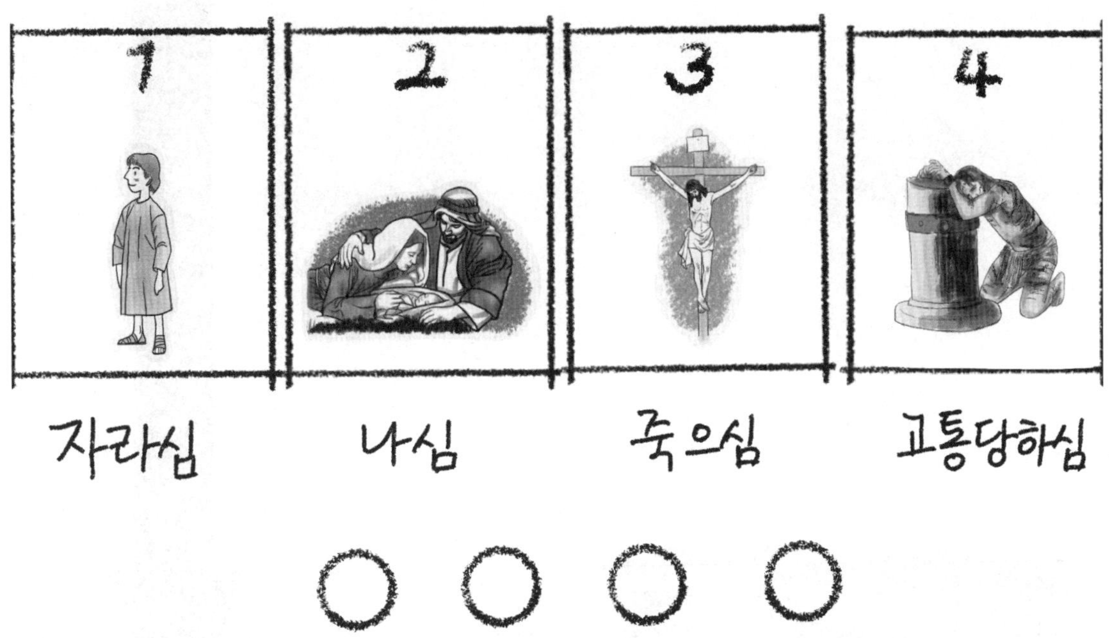

1. 예수님은 어디까지 낮아지셨습니까?

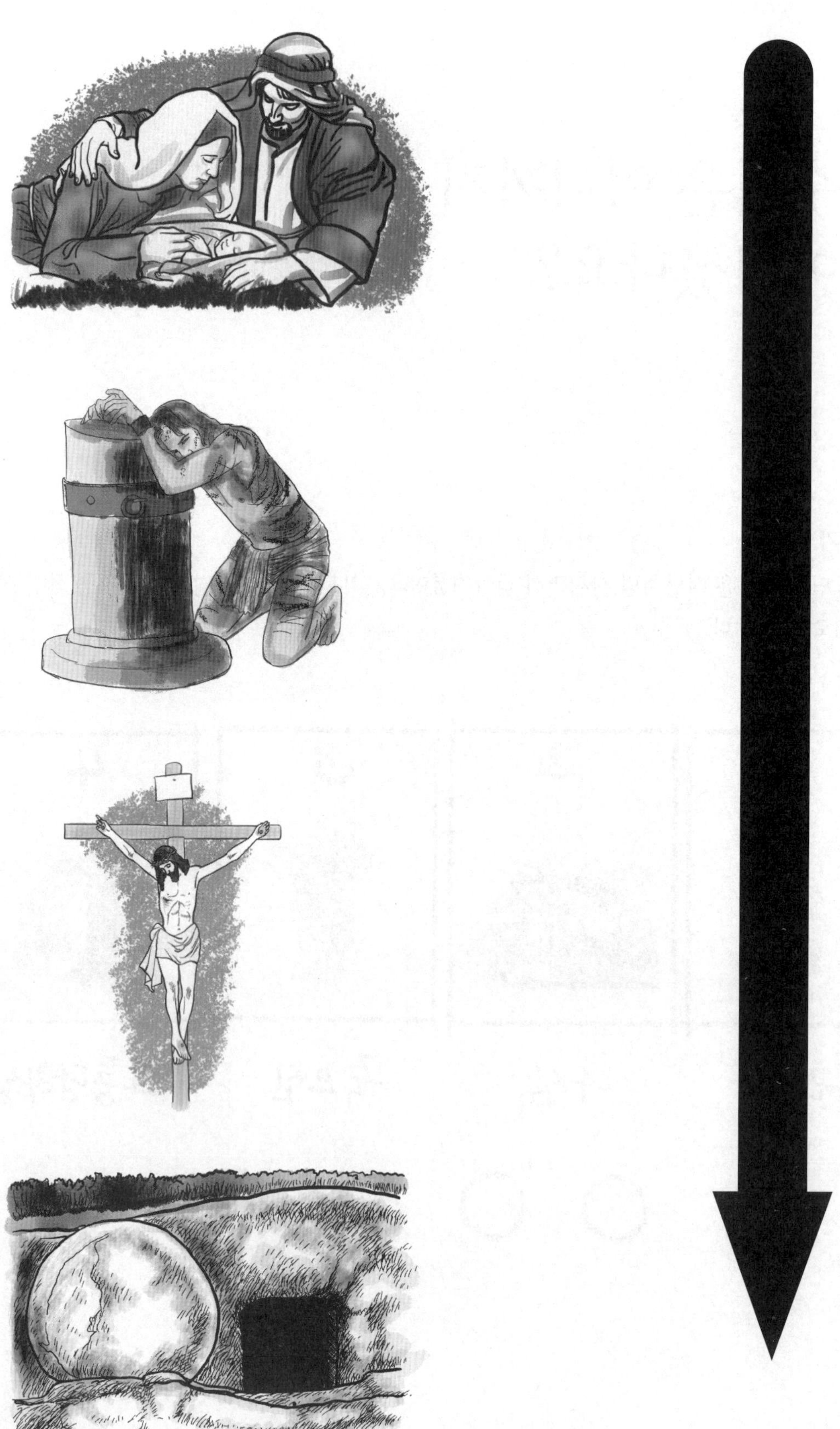

| 결론 |

예수님은 우리를 구원하기 위해 사람이 되셨어요. 예수님은 사람으로 사시는 동안 항상 고통을 겪으셨어요. 사람이 되신 것 자체가 고통이었고, 거기에 더해 여러 가지 슬픔과 아픔을 겪으셨어요. 심지어 사람들에게 매를 맞고, 십자가에서 죽으시고, 무덤에 묻히기까지 하셨어요. 이 모든 일을 겪으신 것은 우리를 너무나 사랑하셨기 때문이에요. 그렇다면 우리 역시 다른 사람들을 사랑하며 살아야겠죠?

| 성구 암송 |

사람의 모양으로 나타나사 자기를 낮추시고 죽기까지 복종하셨으니 곧 십자가에 죽으심이라(빌 2:8).

| 웨스트민스터 소요리문답 |

제27문 그리스도는 어떻게 낮아지셨습니까?

답 그리스도의 낮아지심은 비천한 상태로 탄생하신 것과, 율법에 복종하신 것과, 세상의 온갖 고통과 하나님의 진노와 십자가의 저주 받은 죽음을 당하신 것과, 무덤에서 잠시 동안 죽음의 권세 아래 머물러 있었던 것입니다.

23과

소요리문답 제28문

예수님은 어디까지 높아지셨나요?

| 들어가기 |

예수님은 낮아지시기도 했지만 높아지시기도 했어요. 십자가의 죽으심 이후의 일들이 예수님의 높아지심을 보여줍니다. 그림을 보고 십자가 이후의 사건들을 순서대로 써 볼까요?

1. 예수님은 어디까지 높아지셨습니까?

| **결론** |

한때 죽기까지 낮아지셨던 예수님은, 이제 가장 높은 곳에 계세요. 예수님은 무덤에서 부활하셨고, 하늘로 올라가셨고, 하나님 우편에서 세상을 다스리시고, 언젠가 세상을 다스리기 위해 다시 오실 거예요.

| **성구 암송** |

주 예수께서 말씀을 마치신 후에 하늘로 올려지사 하나님 우편에 앉으시니라(막 16:19).

| **웨스트민스터 소요리문답** |

제28문 그리스도는 어떻게 높아지셨습니까?

답 그리스도의 높아지심은 3일 만에 죽은 자들 가운데서 다시 살아나신 것과, 하늘에 오르신 것과, 하나님 아버지 우편에 앉아 계신 것과, 마지막 날에 세상을 심판하러 오시는 것입니다.

24과

소요리문답 제29-30문

성령께서 우리의 구원을 위해 하시는 일은?

| 들어가기 |

다른 지역으로 가는 검문소가 있어요. 그런데 그 검문소를 통과하려는 사람들을 보니 모두 같은 복장을 하고 있어요. 검문소를 통과하려면 어떤 옷을 입어야 할지 동그라미로 표시해 보세요.

통과한 사람

1. 의로운 분은 누구밖에 없습니까?

2. 어떻게 하면 예수님처럼 의로워질 수 있습니까?

3. 예수님을 믿으면 어떤 일이 일어납니까?

4. 예수님을 믿는 믿음은 누가 주십니까?

| 결론 |

죄가 하나도 없는 의로운 사람만 구원을 받아요. 그런 사람은 예수님밖에 없어요. 그래서 우리가 구원받기 위해서는 예수님처럼 의로워야 해요. 우리가 예수님처럼 의로워지는 방법은 믿음이에요. 우리가 예수님을 구원자로 믿기만 하면, 예수님과 우리는 영적으로 하나가 돼요. 마치 합체로봇처럼 말이에요. 이것을 영적 연합이라고 해요. 그런데 예수님을 믿는 믿음조차 우리의 능력이 아니라 하나님의 선물이에요. 우리가 예수님을 믿을 수 있는 것은, 우리 안에 계신 성령님께서 믿음을 주셨기 때문이에요.

| 성구 암송 |

너희는 그 은혜에 의하여 믿음으로 말미암아 구원을 받았으니 이것은 너희에게서 난 것이 아니요 하나님의 선물이라(엡 2:8)

| 웨스트민스터 소요리문답 |

제29문 우리는 어떻게 그리스도께서 이루신 구속에 참여합니까?

답 그리스도께서 이루신 구속을, 성령께서 우리에게 효과적으로 적용해 주심으로써입니다.

제30문 성령은 그리스도께서 이루신 구속을 우리에게 어떻게 적용하십니까?

답 성령이 그리스도께서 이루신 구속을 우리에게 적용하시는 것은, 우리가 효력 있는 부름을 받을 때 우리에게 믿음을 주셔서 믿음으로 우리를 그리스도와 연합시킴으로써입니다.

25과

소요리문답 제31문

성령께서 하시는 일은 무엇인가요?

| 들어가기 |

아래 물건들의 공통점을 생각해 보고, 네모 칸에 답(글자)을 써 보세요.

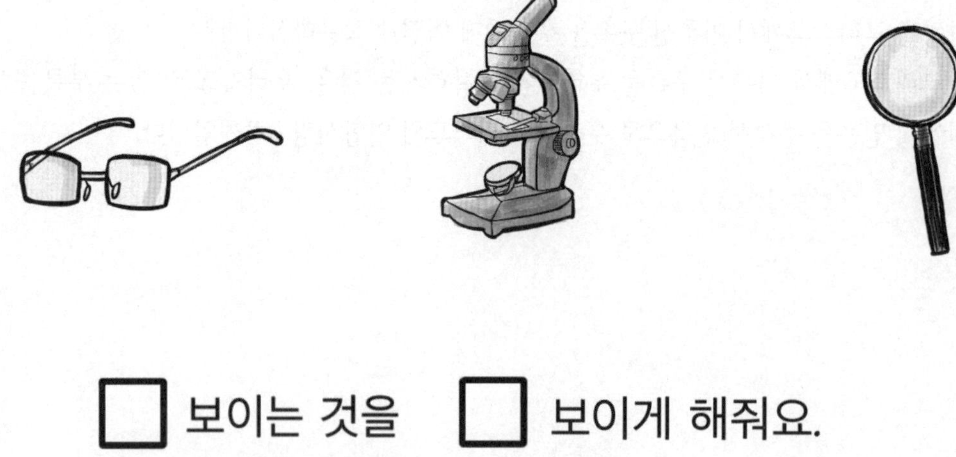

□ 보이는 것을 □ 보이게 해줘요.

1. 사람들이 예수님을 믿지 않는 이유는 무엇을 모르기 때문인가요?

2. 우리가 예수님을 믿도록 성령님께서 하시는 일은 무엇인가요?

3. 죄를 슬퍼하고 심판을 두려워하는 사람은 누구를 찾게 되나요?

| 결론 |

사람들이 예수님을 믿지 않는 이유는 두 가지를 모르기 때문이에요. 첫 번째는, 우리의 죄로 인해 하나님께서 우리를 더럽게 보신다는 것이고, 두 번째는, 그래서 장차 우리를 지옥에서 벌한다는 사실이에요. 우리가 예수님을 믿는 것은 성령님께서 이 두 가지를 알게 하셨기 때문이에요. 그래서 우리는 죄를 슬퍼하고, 심판을 두려워해요. 그리고 물에 빠진 사람이 간절히 도움을 바라는 것처럼, 구원받기 위해 예수님만 바라보게 되지요.

| 성구 암송 |

또 내 영을 너희 속에 두어 너희로 내 율례를 행하게 하리니 너희가 내 규례를 지켜 행할지라(겔 36:27).

| 웨스트민스터 소요리문답 |

제31문 효력 있는 부르심은 무엇입니까?

답 효력 있는 부르심은 하나님의 성령의 역사로, 우리의 죄와 비참을 깨닫게 하시고, 우리의 마음을 밝혀 그리스도를 알게 하시고, 우리의 의지를 새롭게 하시고, 우리를 설득하셔서 복음 안에서 우리에게 값없이 주어지는 예수 그리스도를 영접할 수 있게 하는 것입니다.

26과

소요리문답 제32-33문

칭의는 무엇인가요?

| 들어가기 |

네 마리의 새끼동물들이 있어요. 어떤 동물이 가장 마음에 드나요? 좋아하는 순서를 써 봅시다. 그리고 왜 그렇게 순서를 정했는지 말해 봅시다.

1. 사람들은 벌레를 보면 어떻게 반응하나요?

2. 죄에 물든 사람은 하나님 앞에서 어떤 존재인가요?

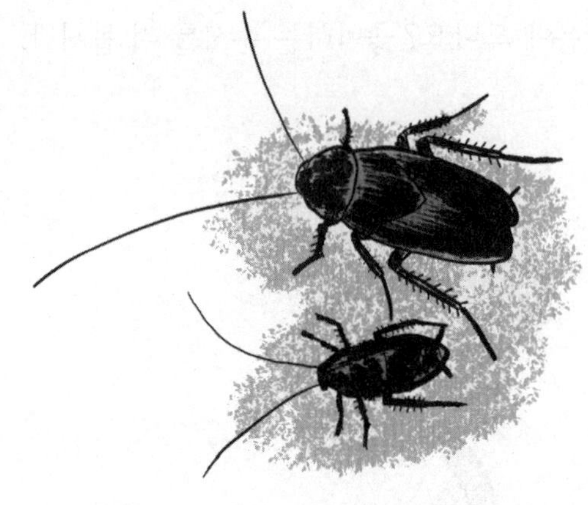

3. 예수님을 믿는 사람은 하나님 앞에서 어떤 존재인가요?

| 결론 |

사람들은 벌레를 좋아하지 않아요. 눈앞에 벌레가 나타나면 피하려고 하지요. 하나님과 사람의 관계도 마찬가지예요. 하나님은 죄에 물든 사람을 미워하세요. 하지만 예수님을 믿는 사람은 사랑하세요. 그 사람들은 예수님과 영적으로 연합(합체)되어 있기 때문이에요. 그래서 우리는 하나님 앞에서 더러운 존재가 아니라, 사랑스런 존재예요. 하나님께서 예수님 때문에 우리를 깨끗한 사람처럼 여겨주시는 것을 칭의라고 해요.

| 성구 암송 |

그리스도 예수 안에 있는 속량으로 말미암아 하나님의 은혜로 값없이 의롭다 하심을 얻은 자 되었느니라(롬 3:24).

| 웨스트민스터 소요리문답 |

제32문 효력 있는 부르심을 받은 자들은 이 세상에서 어떤 유익을 얻습니까?

답 효력 있는 부르심을 받은 자들은 이 세상에서 칭의와 양자됨과 성화를 얻고, 이것들과 함께, 또는 이것들로부터 나오는 여러 가지 유익을 얻습니다.

제33문 칭의는 무엇입니까?

답 칭의는 하나님께서 값없이 주시는 은혜인데, 우리의 모든 죄를 용서하시고, 우리를 하나님 앞에서 의로운 자로 받아 주시되 오직 그리스도의 의 때문에 그렇게 하시는 것입니다. 칭의는 오직 믿음으로만 받습니다.

27과

소요리문답 제34문

양자됨은 무엇인가요?

| 들어가기 |

커서 부모가 된다면 자녀에게 가장 해주고 싶은 것이 무엇인지 써보고, 그 이유를 말해 봅시다.

1. ______________________
2. ______________________
3. ______________________

1. 이렇게 열심히 놀아주는 이유는 무엇일까요?

2. 이렇게 매일 밥을 먹여주는 이유는 무엇일까요?

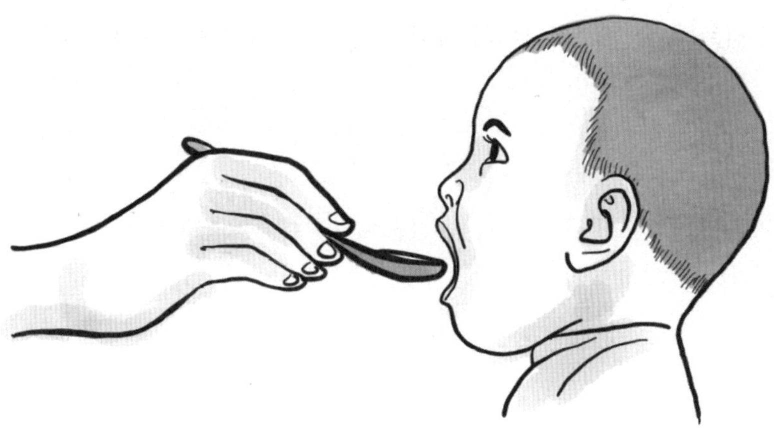

3. 자녀들에게 가장 큰 복은 무엇일까요?

4. 우리 모두의 아빠는 누구일까요?

| 결론 |

왜 엄마는 어린 자녀를 품에 안고, 먹이고, 재워줄까요? 왜 아빠는 자녀들을 위해 열심히 일을 할까요? 부모이기 때문이에요. 부모이기 때문에 자녀들에게 한없는 사랑을 베풀어 주는 거예요. 그래서 좋은 부모를 만나는 것이 가장 큰 복이에요. 그런 점에서 우리 모두는 복 받은 사람이에요. 예수님 때문에 하나님이 우리의 아버지가 되시기 때문이에요. 하나님은 예수님을 믿는 사람들을 양자로 입양해 주세요.

| 성구 암송 |

너희가 아들이므로 하나님이 그 아들의 영을 우리 마음 가운데 보내사 아빠 아버지라 부르게 하셨느니라(갈 4:6)

| 웨스트민스터 소요리문답 |

제34문 양자됨은 무엇입니까?

답 양자됨은 하나님께서 값없이 주시는 은혜인데, 하나님의 자녀 중 한 명이 되어 자녀로서의 모든 특권들을 누리는 것입니다.

28과

소요리문답 제35문

성화는 무엇인가요?

| 들어가기 |

예수님께서 교훈이 적힌 옷을 나눠주고 계세요. 여러분은 어떤 교훈이 적힌 옷을 받고 싶은가요? 옷 안에 생각나는 교훈을 적어 봅시다.

1. 칭의란 무엇인가요?

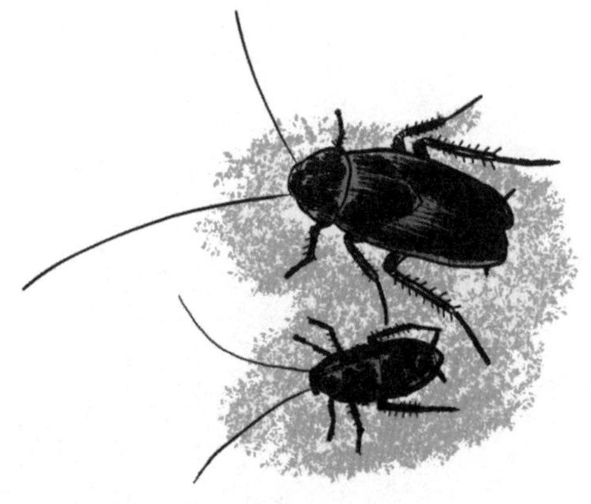

2. 성화는 무엇인가요?

3. 성화는 우리의 노력으로만 이루어지는 것인가요?

| 결론 |

칭의는 벌레 같은 우리를 예수님 같은 의인으로 여겨주시는 거예요. 사실은 의인이 아니라 죄인인데 말이에요. 성화는 벌레 같은 우리를 예수님 같은 의인으로 변화시켜 주시는 거예요. 이름만 의인이 아니라 진짜 의인이 되는 과정이에요. 그런데 성화 역시 하나님의 은혜로만 가능해요.

| 성구 암송 |

우리가 알거니와 우리의 옛 사람이 예수와 함께 십자가에 못 박힌 것은 죄의 몸이 죽어 다시는 우리가 죄에게 종노릇 하지 아니하려 함이니 이는 죽은 자가 죄에서 벗어나 의롭다 하심을 얻었음이라(롬 6:6-7).

| 웨스트민스터 소요리문답 |

제35문 성화는 무엇입니까?

답 성화는 하나님께서 값없이 주시는 은혜인데, 우리의 전 인격이 하나님의 형상대로 새롭게 되어, 죄를 더욱 더 미워하고, 의를 더욱 더 추구하게 되는 것입니다.

29과

소요리문답 제36문

우리가 사는 동안 받는 복은 무엇인가요?

| 들어가기 |

하나님께서 준비하신 보물 상자가 있어요. 하나님께서 우리를 위해 준비하신 선물은 어떤 것일까요? 하나님께 받고 싶은 선물을 세 가지만 말해 봅시다.

1. 구원 받은 사람은 다 부자가 되나요?

2. 구원 받은 사람은 무엇을 확신하나요?

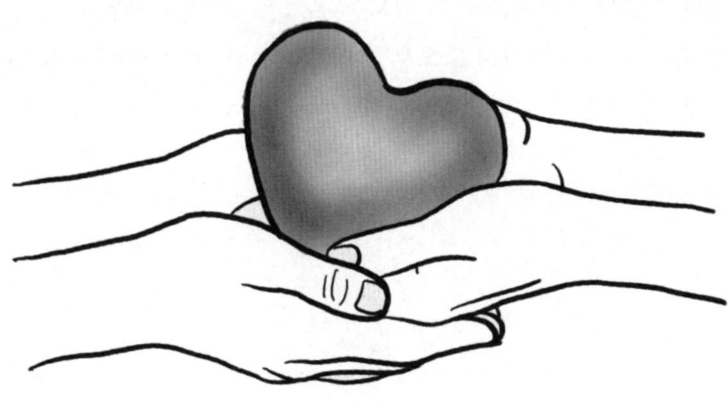

3. 구원 받은 사람은 무엇을 잃어버리지 않나요?

| 결론 |

구원 받았다고 모두 다 부자가 되거나, 병이 낫거나, 하는 일마다 잘되는 것은 아니에요. 하지만 구원 받은 사람에게 반드시 일어나는 일이 두 가지 있어요. 첫 번째는 하나님의 사랑을 확신하며 사는 것이고, 두 번째는 어떤 어려움 속에서도 믿음을 잃지 않는 거에요. 이 두 가지로 인해 우리는 절대 구원을 잃어버리지 않아요.

| 성구 암송 |

하나님의 나라는 먹는 것과 마시는 것이 아니요 오직 성령 안에 있는 의와 평강과 희락이라(롬 14:17).

| 웨스트민스터 소요리문답 |

제36문 이 세상에서 칭의, 양자됨, 성화와 함께 오거나 여기서 나오는 유익은 무엇입니까?

답 이 세상에서 칭의, 양자됨, 성화와 함께 오거나 여기서 나오는 유익은, 하나님의 사랑에 대한 확신, 양심의 평안, 성령 안에서의 기쁨, 은혜의 증가와 그 은혜 안에서 죽는 순간까지 보호받는 것입니다.

30과

소요리문답 제37문

우리가 죽을 때 받는 복은 무엇인가요?

| 들어가기 |

마인드맵을 보고 사람이 죽으면 어떻게 되는지 한 번 살펴볼까요?

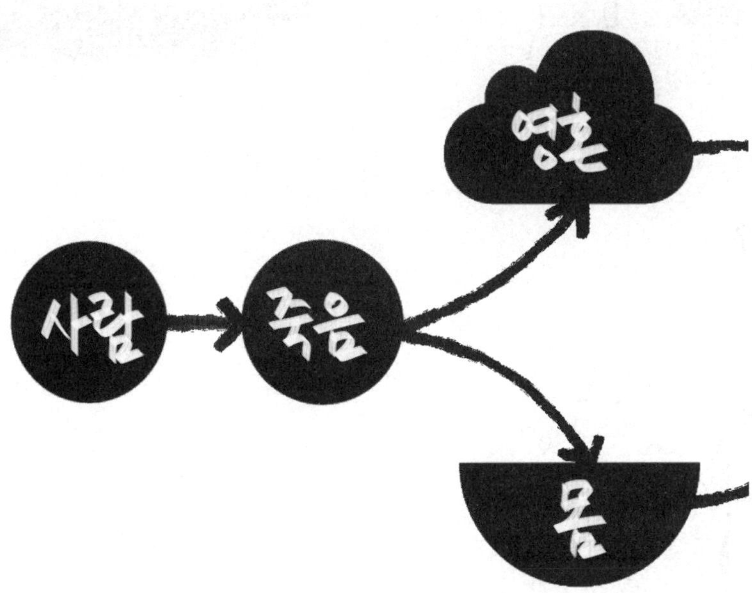

1. 사람은 무엇과 무엇으로 되어 있나요?

2. 우리가 죽을 때 몸과 영혼은 각각 어떻게 되나요?

3. 언제까지 그렇게 있나요?

| 결론 |

사람은 몸과 영혼으로 되어 있어요. 하나님께서는 흙으로 사람의 몸을 만드시고, 그 몸에 영혼을 불어 넣으셨어요. 우리가 죽을 때 몸과 영혼은 각각 다른 곳으로 가요. 몸은 땅에서 흙이 되고, 영혼은 하나님이 계신 하늘로 가요. 그리고 다시 부활할 때까지 행복하게 쉬어요.

| 성구 암송 |

예수께서 이르시되 내가 진실로 네게 이르노니 오늘 네가 나와 함께 낙원에 있으리라 하시니라(눅 23:43).

| 웨스트민스터 소요리문답 |

제37문 신자가 죽을 때 그리스도에게 받는 유익은 무엇입니까?

답 신자가 죽을 때 영혼은 완전히 거룩하게 되어 즉시 영광 중에 들어가며, 몸은 계속 그리스도와 연합되어 부활 때까지 무덤에서 쉬는 것입니다.

31과

소요리문답 제38문

우리가 죽은 후에 받는 복은 무엇인가요?

| 들어가기 |

30과에서 보았던 마인드맵입니다. 사람의 몸과 영혼이 나누어진 후에도, 사람에게 한 가지 상태가 더 남아 있다고 하네요. 어떤 상태인지 읽어 볼까요?

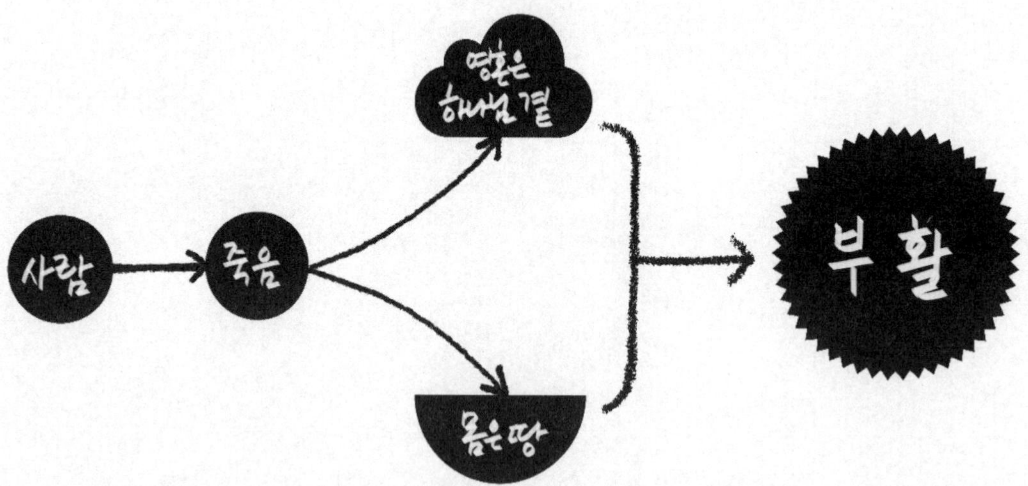

1. 죽은 후에 어떤 일이 있나요?

2. 부활은 소생과 어떻게 다른가요?

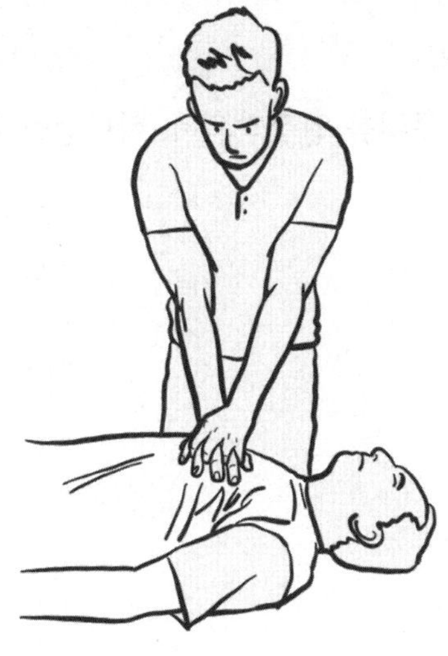

3. 부활 이후에는 무엇이 없나요?

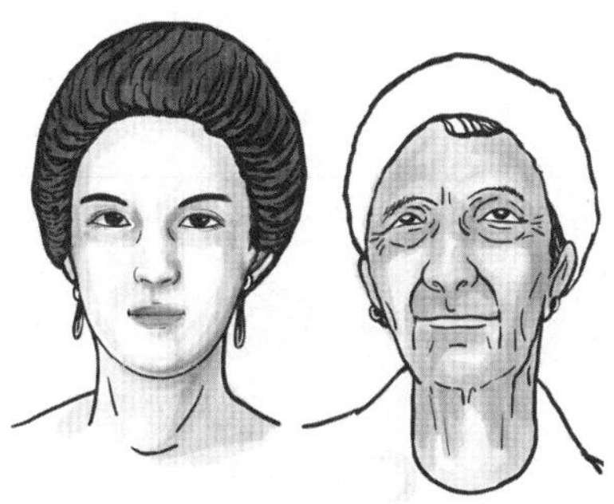

| 결론 |

성도는 계속 죽은 상태로 있지 않아요. 예수님께서 재림하시는 날에 다시 살아나요. 이것을 부활이라고 해요. 소생은 죽을 몸으로 다시 살아나는 거지만, 부활은 죽지 않는 몸으로 다시 살아나는 거예요. 그래서 부활 이후에는 아프거나, 늙거나, 슬픈 일이 없어요. 바로 이것이 성도가 죽은 이후에 받는 복이에요.

| 성구 암송 |

죽은 자의 부활도 그와 같으니 썩을 것으로 심고 썩지 아니할 것으로 다시 살아나며(고전 15:42).

| 웨스트민스터 소요리문답 |

제38문 신자가 부활할 때 그리스도에게 받는 유익은 무엇입니까?

답 신자는 부활 때에 영광중에 일어나서, 심판 날에 공개적으로 무죄를 인정받으며, 하나님을 크게 즐거워하면서 영원토록 무한한 행복을 누리게 됩니다.

구원 받은 사람은 어떻게 살아야 하나요?

| 들어가기 |

경찰, 소방관, 축구선수가 있습니다. 이들이 하는 일에 줄을 그어 보세요. 만약에 이들이 하는 일이 뒤섞이면 어떻게 될까요?

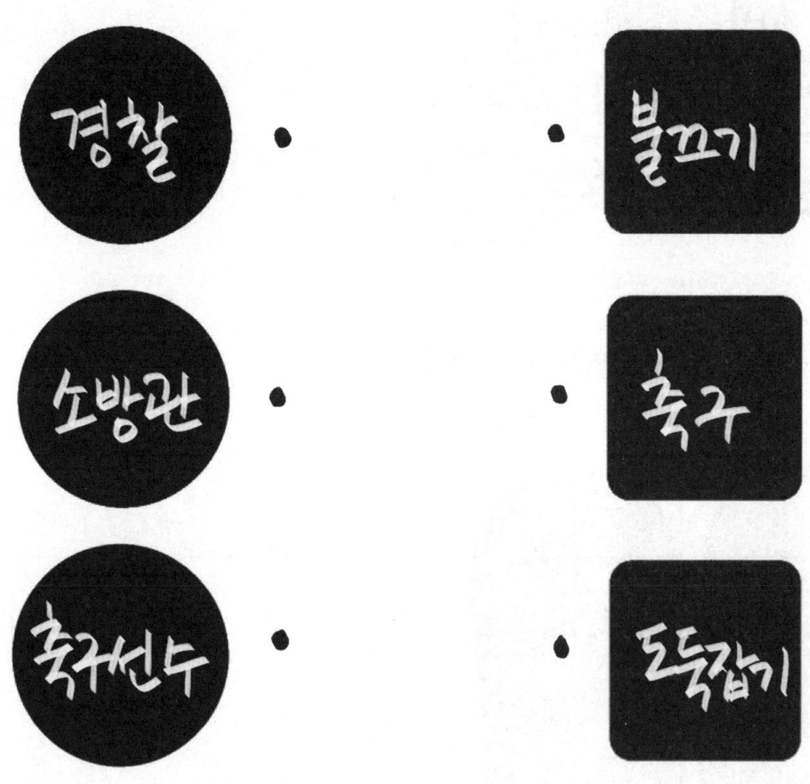

1. 구원이 먼저일까요, 착한 행동이 먼저일까요?

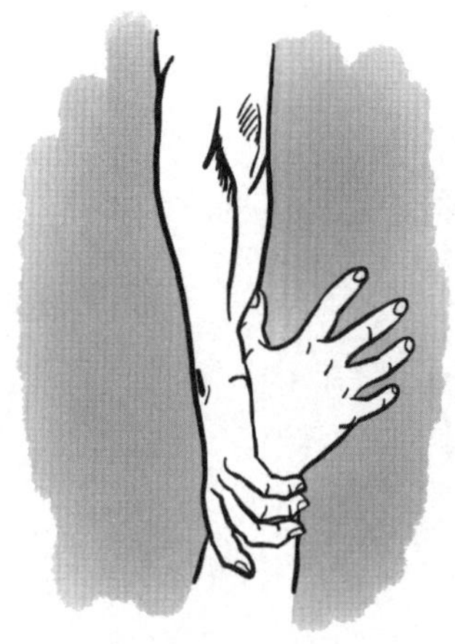

2. 어떻게 사는 것이 착하게 사는 걸까요?

3. 착하게 사는 방법은 어디에 요약되어 있나요?

| 결론 |

우리는 착해서 구원받은 것이 아니라 예수님 때문에 구원받았어요. 하지만 구원받은 이후에는 착하게 살아야 해요. 하나님께서 그것을 원하시기 때문이에요. 그렇다면 어떻게 사는 것이 착하게 사는 걸까요? 하나님께서는 착하게 사는 방법을 성경에 모두 기록해 놓으셨어요. 이것을 10가지로 요약한 것을 십계명이라고 해요. 그래서 구원받은 사람은 반드시 십계명을 지키며 살아야 해요.

| 성구 암송 |

사람아 주께서 선한 것이 무엇임을 네게 보이셨나니 여호와께서 네게 구하시는 것은 오직 정의를 행하며 인자를 사랑하며 겸손하게 네 하나님과 함께 행하는 것이 아니냐(미 6:8).

| 웨스트민스터 소요리문답 |

제39문 하나님께서 사람에게 요구하시는 의무는 무엇입니까?
답 하나님께서 사람에게 요구하시는 의무는 하나님께서 계시하신 뜻에 순종하는 것입니다.

제40문 하나님께서 순종의 법칙으로 제일 처음 계시하신 것은 무엇입니까?
답 하나님께서 순종의 법칙으로 제일 처음 계시하신 것은 도덕법입니다.

제41문 도덕법은 어디에 요약되어 있습니까?
답 도덕법은 십계명에 요약되어 있습니다.

33과

소요리문답 제42문

십계명의 핵심은 무엇일까요?

| 들어가기 |

십계명판에 구멍이 뚫려 있어요. 출애굽기 20장 1-17절을 읽으면서 구멍 뚫린 단어를 채워 볼까요?

1. 너는 나 외에는 다른 ㅇ을 네게 두지 말라.
2. 너를 위하여 새긴 ㅇㅇ을 만들지 말라.
3. 네 하나님 여호와의 이름을 ㅇㅇ되게 부르지 말라.
4. ㅇㅇㅇ을 기억하여 거룩히 지키라.

〈하나님 사랑〉

5. 네 ㅇㅇ를 공경하라.
6. ㅇㅇ하지 말라.
7. ㅇㅇ하지 말라.
8. ㅇㅇㅇ하지 말라.
9. 네 이웃에 대하여 ㅇㅇㅇㅇ하지 말라.
10. 네 이웃의 소유를 ㅇㅇㅇ 말라.

〈이웃 사랑〉

1. 어떻게 사는 것이 착하게 사는 건가요?

2. 십계명의 핵심은 무엇인가요?

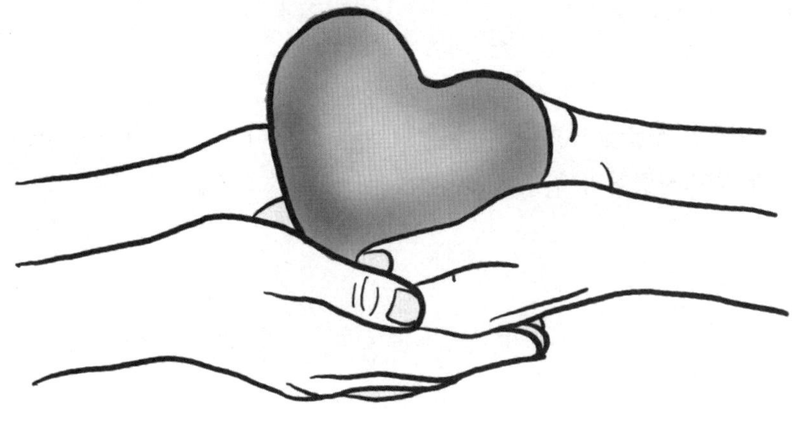

3. 누구를 사랑해야 하나요?

| 결론 |

우리는 모두 성경대로 살아야 해요. 그것을 10가지로 요약한 것이 십계명이에요. 성경의 핵심이 사랑이듯, 십계명의 핵심도 사랑이에요. 그렇다면 누구를 사랑해야 할까요? 먼저 하나님을 사랑해야 하고, 다음으로 이웃을 사랑해야 해요. 그래서 십계명도 하나님과 이웃을 사랑하는 방법을 설명하고 있어요.

| 성구 암송 |

예수께서 이르시되 네 마음을 다하고 목숨을 다하고 뜻을 다하여 주 너의 하나님을 사랑하라 하셨으니 이것이 크고 첫째 되는 계명이요 둘째도 그와 같으니 네 이웃을 네 자신 같이 사랑하라 하셨으니 이 두 계명이 온 율법과 선지자의 강령이니라(마 22:37-40).

| 웨스트민스터 소요리문답 |

제42문 십계명의 핵심은 무엇입니까?

답 십계명의 핵심은 "네 마음을 다하고 목숨을 다하고 힘을 다하고 뜻을 다하여 주 너의 하나님을 사랑하고, 네 이웃을 네 자신과 같이 사랑하라"입니다.

34과

소요리문답 제43-44문

어떤 마음으로 십계명을 지켜야 할까요?

| **들어가기** |

부모님이 여러분에게 하시는 잔소리에는 어떤 것이 있나요? 두 가지만 적어 봅시다. 부모님이 왜 여러분에게 잔소리를 하는지 알고 있나요?

1. 십계명을 처음 받은 사람은 누구인가요?

2. 하나님께서 이스라엘 민족에게 어떤 은혜를 베푸셨나요?

3. 그때 이스라엘 민족의 마음이 어땠을까요?

| 결론 |

십계명을 처음 받은 사람들은 애굽에서 노예생활을 하고 있던 이스라엘 민족이에요. 하나님께서는 그들을 애굽에서 구출해 주셨어요. 그 과정에서 홍해 바다를 갈라 길을 내기도 하셨어요. 그때 이스라엘 민족의 마음은 하나님을 향한 감사로 가득했을 거예요. 이처럼 십계명은 억지로 지킬 것이 아니라 감사하는 마음으로 지켜야 해요. 하나님께서 지옥에 가야 마땅한 우리를 구원하시고, 심지어 자녀 삼아주셨으니, 십계명을 지키는 것은 당연한 일이겠죠?

| 성구 암송 |

나는 너를 애굽 땅, 종 되었던 집에서 인도하여 낸 네 하나님 여호와니라(출 20:2).

| 웨스트민스터 소요리문답 |

제43문 십계명의 머리말은 무엇입니까?

답 십계명의 머리말은 “나는 너를 애굽 땅 종 되었던 집에서 인도하여 낸 네 하나님 여호와니라”입니다.

제44문 십계명의 머리말이 우리에게 가르쳐주는 것은 무엇입니까?

답 십계명의 머리말이 우리에게 가르쳐주는 것은 하나님은 우리의 주인이시고 우리의 하나님이시며 구속자이시기에, 우리는 반드시 하나님의 모든 계명을 지켜야 한다는 것입니다.

35과

소요리문답 제45-48문

사람들이 우상을 만드는 이유는 뭘까요?

| 들어가기 |

사람들은 하나님을 여러 모양의 신으로 만들어요. 이런 신들이 하나님을 대신할 수 있을까요? 하나님을 대신할 수 있으면 ㅇ표시를, 하나님을 대신할 수 없으면 X표시를 해봅시다.

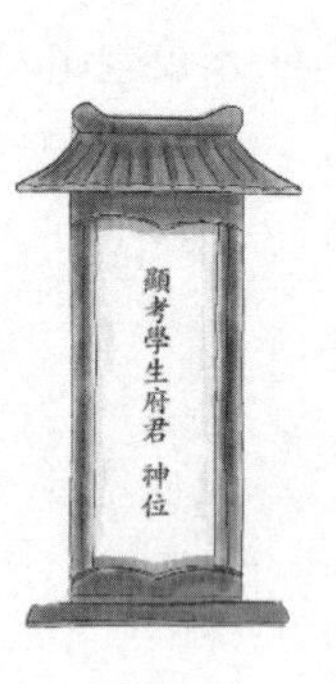

1. 알고 있는 신을 이야기해 보세요.

2. 사람들이 우상을 만드는 이유는 무엇일까요?

| 결론 |

사람들은 신이 아주 많다고 생각해요. 그리스로마 신화나 전래동화에는 수많은 신이 등장해요. 분명 하나님은 한 분밖에 없는데, 왜 사람들은 이렇게 많은 신을 만들어낸 걸까요? 죄로 인해 마음이 더러워졌기 때문이에요. 더러운 안경을 쓰면 잘 보이지 않는 것처럼, 더러운 마음으로는 하나님을 볼 수 없어요. 그래서 저마다 자기가 생각하는 신을 만들어내는 거죠. 하지만 우리는 하나님을 믿을 수 있는 은혜를 받았어요. 그러므로 하나님만 믿고, 하나님께만 순종해야 해요. 절대 다른 것을 하나님처럼 생각해선 안 돼요.

| 성구 암송 |

너는 나 외에는 다른 신들을 네게 두지 말라(출 20:3).

| 웨스트민스터 소요리문답 |

제45문 제1계명은 무엇입니까?

답 제1계명은 "너는 나 외에는 다른 신들을 네게 두지 말라"입니다.

제46문 제1계명이 요구하는 것은 무엇입니까?

답 제1계명이 요구하는 것은 하나님만이 유일하고 참된 하나님이시요 우리의 하나님인 것을 알고 인정하는 것과, 그에 합당하게 하나님을 경배하고 영화롭게 하는 것입니다.

제47문 제1계명이 금하는 것은 무엇입니까?

답 제1계명이 금하는 것은 참되신 하나님을 하나님으로 그리고 우리의 하나님으로 인정하지 않거나 경배하지 않고 영화롭게 하지 않는 것이며, 오직 하나님께만 합당한 경배와 영광을 다른 것에게 돌리는 것입니다.

제48문 제1계명에서 "나 외에는"이라는 말씀이 특별히 가르치는 것은 무엇입니까?

답 제1계명에서 "나 외에는"이라는 말씀이 가르치는 것은, 모든 것을 보시는 하나님께서 우리가 다른 신을 섬기는 죄를 보시고 매우 싫어하신다는 것입니다.

36과

소요리문답 제49-52문

하나님을 우상 섬기듯 믿고 있지 않나요?

| 들어가기 |

공기, 냄새, 가스, 전기의 공통점은 무엇일까요? 빈칸에 적어 봅시다. 눈에 보이지 않지만 공기, 냄새, 가스, 전기가 있다는 것을 어떻게 알 수 있을까요?

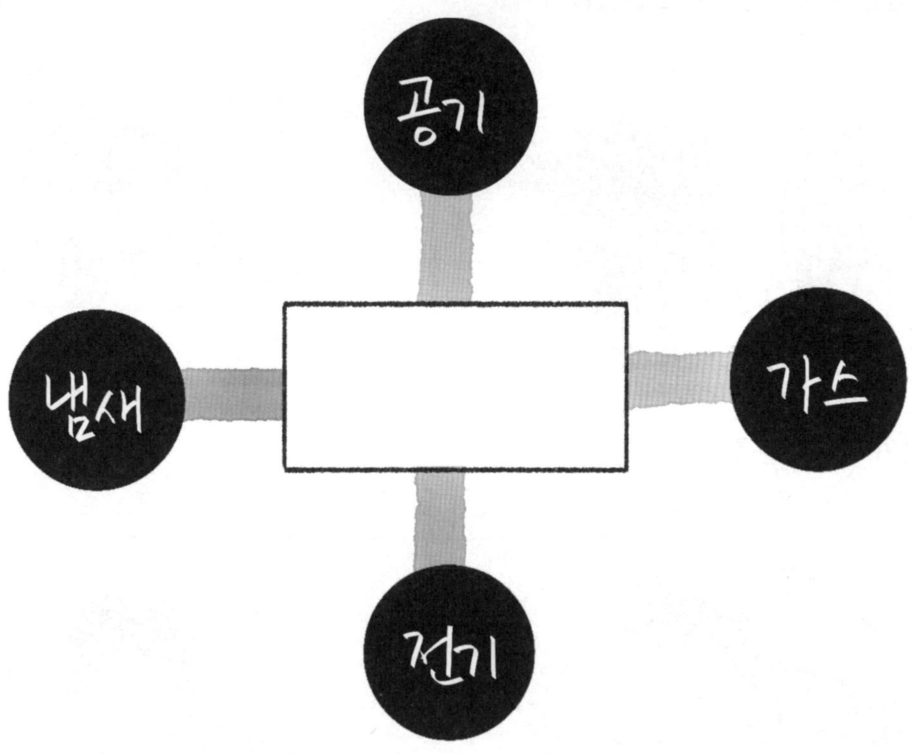

1. 제1계명은 무엇을 금지하나요?

2. 제2계명은 무엇을 금지하나요?

3. 왜 하나님을 소의 모양으로 만들었을까요?

4. 제2계명이 요구하는 것은 무엇인가요?

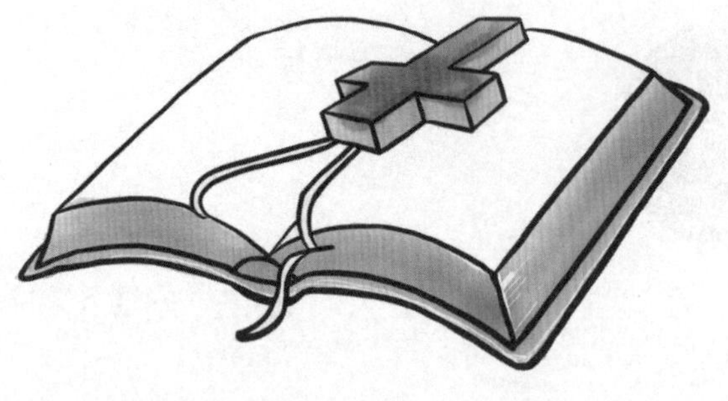

| 결론 |

제1계명은 다른 신을 믿는 것을 금지하는 것이고, 제2계명은 하나님을 눈으로 볼 수 있는 형태로 제작하는 것을 금지하는 거예요. 대표적인 사례가 '아론의 금송아지 사건'이에요. 이스라엘 민족은 하나님을 소의 형태로 만들었어요. 소는 사람에게 많은 이익을 주는 가축이에요. 그들은 하나님을 이익을 얻기 위한 수단으로 믿었던 거죠. 이런 일은 지금도 일어나고 있어요. 성경이 말하는 대로 하나님을 믿지 않고, 자기 생각대로 하나님을 믿는 것은 제2계명을 어기는 행동이에요.

| 성구 암송 |

어떤 형상도 만들지 말며(출 20:4).

| 웨스트민스터 소요리문답 |

제49문 제2계명은 무엇입니까?

답 제2계명은 "너를 위하여 새긴 우상을 만들지 말고 또 위로 하늘에 있는 것이나 아래로 땅에 있는 것이나 땅 아래 물속에 있는 것의 어떤 형상도 만들지 말며 그것들에게 절하지 말며 그것들을 섬기지 말라. 나 네 하나님 여호와는 질투하는 하나님인즉 나를 미워하는 자의 죄를 갚되 아버지로부터 아들에게로 삼사 대까지 이르게 하거니와 나를 사랑하고 내 계명을 지키는 자에게는 천 대까지 은혜를 베푸느니라"입니다.

제50문 제2계명이 요구하는 것은 무엇입니까?

답 제2계명이 요구하는 것은 하나님의 말씀이 정하고 있는 대로 모든 종교적 경배와 규례를 받아들이고, 준수하며, 철저하고 엄격하게 보존하는 것입니다.

제51문 제2계명에서 금하는 것은 무엇입니까?

답 제2계명에서 금하는 것은 형상을 가지고 하나님을 경배하거나, 하나님의 말씀이 정하지 않은 다른 방법으로 경배하는 것입니다.

제52문 제2계명을 주신 이유는 무엇입니까?

답 제2계명을 주신 이유는 하나님께서 우리의 주권자이시며 우리의 주인이셔서, 그에 합당한 예배를 받기 원하시기 때문입니다.

37과

소요리문답 제53-56문

하나님을 생각 없이 예배하고 있지 않나요?

| 들어가기 |

하나님께서 기뻐하시는 예배를 드리기 위해 내가 지켜야 할 것들을 세 가지만 써 볼까요?

예배 규칙

1. ______________________

2. ______________________

3. ______________________

1. 제3계명은 무엇인가요?

2. 망령되이 일컫는다는 것은 어떤 뜻인가요?

3. 어떤 생각을 가지고 예배해야 할까요?

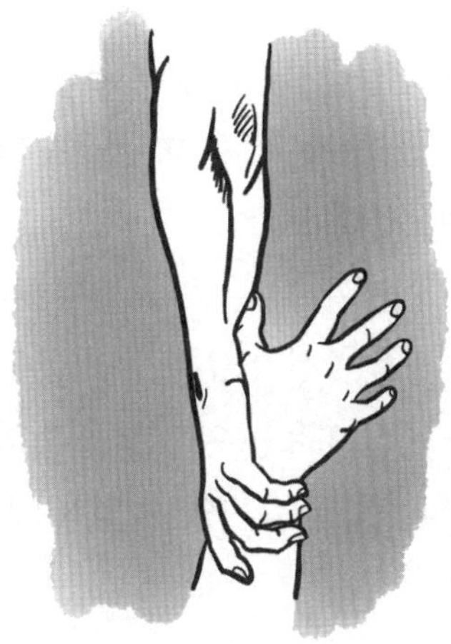

| 결론 |

제3계명은 "하나님의 이름을 망령되이 일컫지 말라"예요. 여기서 '망령되이'는 '비어 있음'을 의미해요. 하나님을 예배할 때는 존경과 사랑의 마음이 있어야 하는데, 그런 마음이 비어 있는 상태로 예배하는 것을 금지하는 거예요. 그런 점에서 하나님의 이름이 들어간 찬송가를 유행가 부르듯 하거나, 하나님의 말씀을 전하는 예배 시간에 장난을 치는 것은 제3계명을 어기는 행동이에요. 하나님은 우리의 창조주이시고 또 우리의 구원자이시기 때문에, 언제나 존경하고 사랑하는 마음을 가지고 예배에 참석해야 해요.

| 성구 암송 |

너는 네 하나님 여호와의 이름을 망령되게 부르지 말라 여호와는 그의 이름을 망령되게 부르는 자를 죄 없다 하지 아니하리라(출 20:7).

| 웨스트민스터 소요리문답 |

제53문 제3계명은 무엇입니까?

답 제3계명은 "너는 네 하나님 여호와의 이름을 망령되게 부르지 말라. 여호와는 그의 이름을 망령되게 부르는 자를 죄 없다 하지 아니하리라"입니다.

제54문 제3계명이 요구하는 것은 무엇입니까?

답 제3계명이 요구하는 것은 하나님의 이름과 칭호와 성품과 규례와 말씀과 역사를 거룩한 존경심을 가지고 사용하는 것입니다.

제55문 제3계명이 금지하는 것은 무엇입니까?

답 제3계명이 금지하는 것은 하나님이 자신을 나타내신 것을 조금이라도 거룩하지 않게 취급하거나 남용하는 것입니다.

제56문 제3계명을 주신 이유는 무엇입니까?

답 제3계명을 주신 이유는 이 계명을 범하는 자가 비록 사람의 심판은 피할 수 있어도 우리 주 하나님의 공의로운 심판은 피할 수 없기 때문입니다.

38과

소요리문답 제57-62문

가장 중요한 날은 언제일까요?

| 들어가기 |

나의 생일이 되었어요. 생일파티를 하고 있는 나의 모습을 그려 볼까요? 생일파티의 주인공은 누구인가요?

1. 세상에서 가장 중요한 분은 누구일까요?

2. 세상에서 가장 중요한 일은 무엇일까요?

3. 세상에서 가장 중요한 날은 언제일까요?

| 결론 |

세상에서 가장 중요한 분은 하나님이에요. 그렇다면 세상에서 가장 중요한 일은 무엇일까요? 가장 중요하신 하나님을 예배하는 일이예요. 구약 시대 성도들은 토요일에 모여 예배했어요. 하지만 예수님께서 일요일에 부활하신 이후로는 일요일에 모여 예배하고 있어요. 그래서 우리는 일요일을 주님의 날이라고 불러요. 주님께서 부활하신 날, 또는 주님을 예배하는 날이라는 뜻이에요.

| 성구 암송 |

안식일을 기억하여 거룩하게 지키라(출 20:8).

| 웨스트민스터 소요리문답 |

제57문 제4계명은 무엇입니까?

답 제4계명은 "안식일을 기억하여 거룩히 지키라 엿새 동안은 힘써 네 모든 일을 행할 것이나 일곱째 날은 네 하나님 여호와의 안식일인즉 너나 네 아들이나 네 딸이나 네 남종이나 네 여종이나 네 가축이나 네 문안에 머무는 객이라도 아무 일도 하지 말라. 이는 엿새 동안에 나 여호와가 하늘과 땅과 바다와 그 가운데 모든 것을 만들고 일곱째 날에 쉬었음이라. 그러므로 나 여호와가 안식일을 복되게 하여 그 날을 거룩하게 하였느니라"입니다.

제58문 제4계명이 요구하는 것은 무엇입니까?

답 제4계명이 요구하는 것은 하나님의 말씀으로 정하신 대로 일주일 가운데 하루를 온전히 거룩한 안식일로 하나님께 구별하는 것입니다.

제59문 하나님께서 일주일 중 어느 날을 안식일로 정하셨습니까?

답 세상의 시작부터 그리스도의 부활까지는 일주일 중 일곱 째 날을 안식일로 정하셨고, 그 후로 세상의 마지막까지는 일주일 중 첫째 날을 그리스도인의 안식일로 정하셨습니다.

제60문 안식일을 하나님께 거룩하게 구별하는 것은 무엇입니까?

답 안식일을 거룩하게 구별하는 것은, 다른 날에는 합당한 세상 일과 오락을 그만두고, 하루 종일 거룩하게 쉬는 것이며, 부득이한 일이나 자비를 베푸는 일 외에는, 하루 종일 공적으로나 사적으로 하나님을 예배하며 보내는 것입니다.

제61문 제4계명이 금지하는 것은 무엇입니까?

답 제4계명이 금지하는 것은, 요구된 의무를 이행하지 않거나 또는 부주의하게 행하는 것, 안식일을 게으르게 보내거나 또는 그 자체로 죄 되는 일을 행하는 것, 세상일과 오락에 대한 불필요한 생각과 말과 행동을 하는 것입니다.

제62문 제4계명을 지켜야 하는 이유는 무엇입니까?

답 제4계명을 지켜야 하는 이유는, 하나님께서 우리의 일을 하도록 6일을 허락하셨으나, 일곱째 날은 하나님의 날로 정하시고, 친히 모범을 보이시고, 그 날에 복을 주셨기 때문입니다.

39과

소요리문답 제63-66문

가장 사랑해야 할 사람은 누구일까요?

| 들어가기 |

우리를 낳아주시고 길러주신 부모님께 감사편지를 써 봅시다.

1. 십계명은 몇 부분으로 나눌 수 있나요?

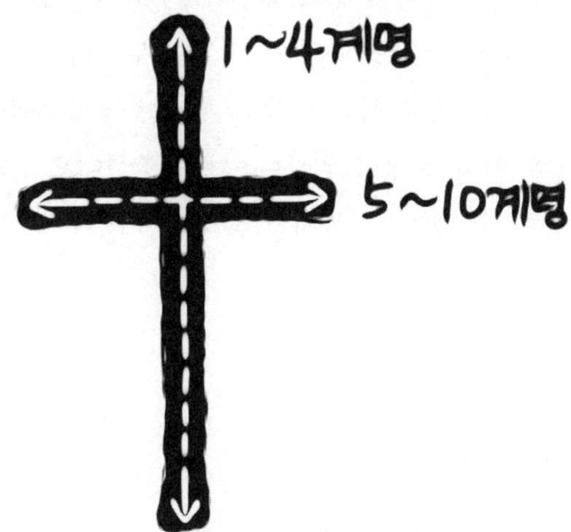

2. 이웃 사랑에서 가장 먼저 소개되는 사람은 누구인가요?

3. 왜 부모가 가장 중요한 사람일까요?

| 결론 |

십계명은 두 부분으로 나눌 수 있어요. 하나님 사랑과 이웃 사랑이에요. 그런데 이웃 사랑에서 가장 먼저 소개되는 것은 부모님이에요. 이것은 우리가 가장 먼저 사랑해야 할 대상이 부모라는 뜻이에요. 부모님은 하나님을 대신하는 역할을 맡고 있어요. 부모님은 하나님 대신 우리를 낳아주셨어요. 부모님은 하나님 대신 우리를 먹여주셨어요. 부모님은 하나님 대신 우리를 가르쳐주셨어요. 그래서 우리는 부모님께 순종하는 것을 통해 하나님께 순종할 수 있어요. 하지만 하나님의 말씀과 부모님 말씀이 다를 때는 하나님 말씀에 순종해야 해요.

| 성구 암송 |

네 부모를 공경하라 그리하면 네 하나님 여호와가 네게 준 땅에서 네 생명이 길리라(출 20:12).

| 웨스트민스터 소요리문답 |

제63문 제5계명은 무엇입니까?

답 제5계명은 "네 부모를 공경하라. 그리하면 네 하나님 여호와가 네게 준 땅에서 네 생명이 길리라"입니다.

제64문 제5계명이 요구하는 것은 무엇입니까?

답 제5계명이 요구하는 것은 여러 가지 지위와 관계 속에서, 우리 윗사람이든지, 아랫사람이든지, 동등한 사람이든지, 존중하고 의무를 다하는 것입니다.

제65문 제5계명이 금하는 것은 무엇입니까?

답 제5계명이 금하는 것은 여러 가지 지위와 관계 속에서, 그에 합당한 존중과 의무를 소홀히 하거나 대항하는 것입니다.

제66문 제5계명을 지켜야 하는 이유는 무엇입니까?

답 제5계명을 지켜야 하는 이유는, 이 계명을 지키는 모든 자에게 장수와 번영이 약속되어 있기 때문입니다. 단, 이 약속은 하나님의 영광과 그들 자신에게 선이 되는 범위 안에서만 유효합니다.

40과

소요리문답 제67-69문

왜 살인해선 안 될까요?

| 들어가기 |

하나님께서 어떤 말씀을 하고 계시네요. 잘 듣고 빈칸을 채워 볼까요?

내가 너희를 모두 나의 □□으로
지었으니, 서로 사랑해야 한다!!

1. 벌레를 죽이는 것도 살인일까요?

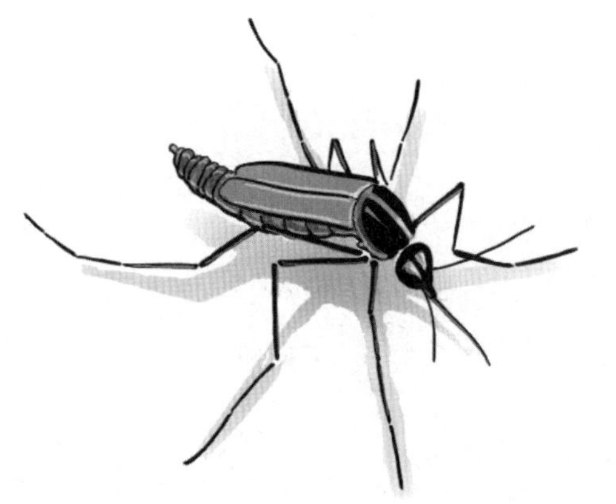

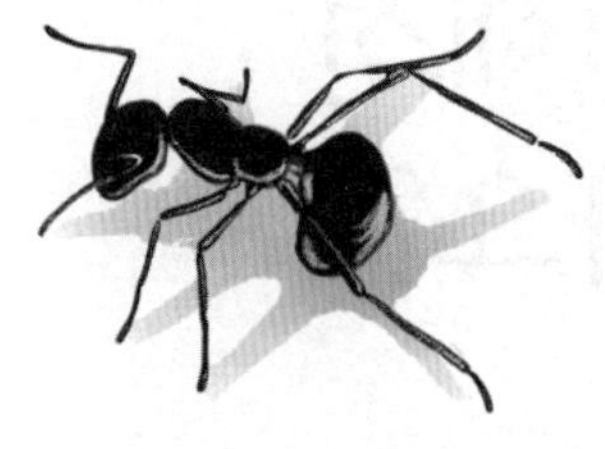

2. 고기를 먹는 것은 살인일까요?

3. 왜 사람은 살인하면 안 될까요?

| **결론** |

벌레를 죽이는 것은 살인이 아니에요. 고기를 먹는 것도 살인이 아니에요. 그것들은 사람이 아니기 때문이에요. 사람을 죽이는 것만 살인이에요. 살인해선 안 되는 이유는, 사람이 하나님의 형상이기 때문이에요. 사람은 하나님께서 특별하게 창조한 존재이고 특별히 사랑하시는 존재이기 때문에, 절대로 살인해선 안 돼요. 예수님께서는 사람을 미워하거나 욕하는 것도 살인이라고 하셨어요.

| **성구 암송** |

살인하지 말라(출 20:13).

| **웨스트민스터 소요리문답** |

제67문 제6계명은 무엇입니까?
답 제6계명은 "살인하지 말라"입니다.

제68문 제6계명이 요구하는 것은 무엇입니까?
답 제6계명이 요구하는 것은 우리 자신과 다른 사람들의 생명을 보존하기 위해 노력하는 것입니다.

제69문 제6계명이 금하는 것은 무엇입니까?
답 제6계명이 금하는 것은 우리 자신과 이웃의 생명을 부당하게 빼앗거나 또는 그런 의도를 가지는 것입니다.

41과

소요리문답 제70-72문

간음이란 무엇인가요?

| 들어가기 |

우리 가족을 한마디로 표현하면 뭐라고 할 수 있을까요? 그 이유를 나누어 보아요.

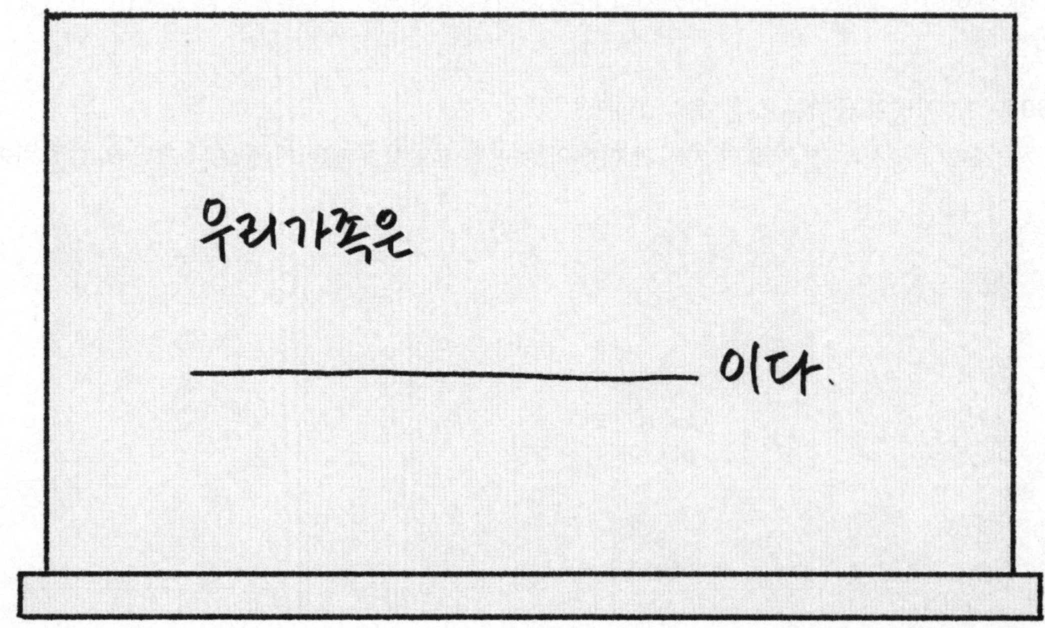

1. 가정이 세상에서 가장 중요한 공동체인 이유는 무엇인가요?

2. 가정이 아프면, 교회는 어떻게 될까요?

3. 왜 엄마와 아빠가 서로 사랑해야 할까요?

4. 우리는 어떻게 제7계명을 지켜야 할까요?

| **결론** |

세상에서 가장 중요한 공동체는 가정이에요. 가정을 통해 하나님의 백성들이 태어나고, 가정이 모여 교회를 이루기 때문이에요. 그래서 가정이 행복해야 하나님의 백성들과 교회가 행복할 수 있어요. 제7계명은 가정의 행복을 위한 계명이에요. 가정이 행복하려면 엄마와 아빠가 서로 사랑해야 해요. 그래서 제7계명은 엄마와 아빠가 서로 사랑할 것을 요구해요. 만약 엄마와 아빠가 자주 싸우고 서로를 미워한다면 제7계명을 어기는 거예요. 또 친구들이 엄마와 아빠의 말에 순종하지 않는다면 그것 역시 가정을 불행하게 만드는 것이며 결국 제7계명을 어기는 거예요.

| **성구 암송** |

간음하지 말라(출 20:14).

| **웨스트민스터 소요리문답** |

제70문 제7계명은 무엇입니까?

답 제7계명은 "간음하지 말라"입니다.

제71문 제7계명이 요구하는 것은 무엇입니까?

답 제7계명이 요구하는 것은 생각과 말과 행동으로 우리 자신과 이웃의 순결을 보존하는 것입니다.

제72문 제7계명이 금하는 것은 무엇입니까?

답 제7계명이 금하는 것은 순결하지 못한 생각과 말과 행동입니다.

42과

소요리문답 제73-75문

왜 도둑질을 하면 안 되나요?

| 들어가기 |

내 방이 생겼어요. 왼쪽에 있는 방을 좋아하는 물건들로 가득 채워 봅시다. 그런데 내가 좋아하는 물건들을 도둑이 모두 훔쳐갔어요. 그때 어떤 기분이 들지 나누어 봅시다.

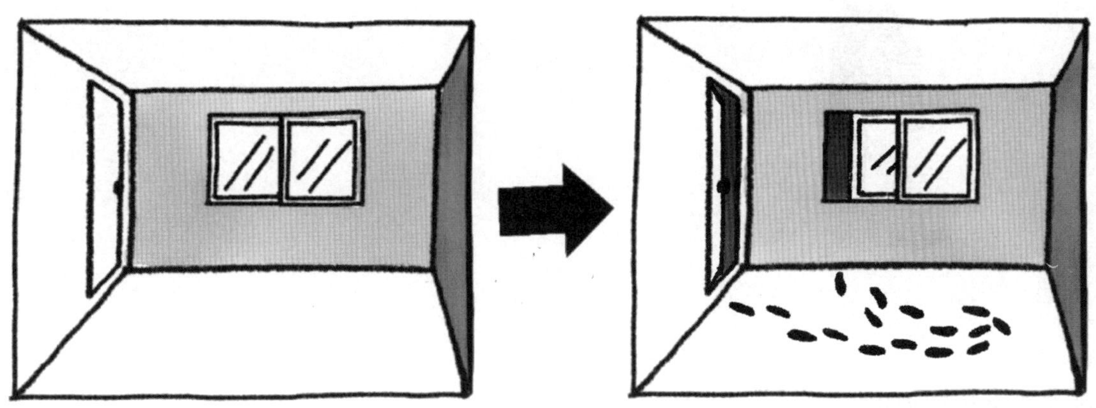

1. 왜 도둑질이 하나님께 죄를 짓는 일일까요?

2. 왜 동생과 장난감이나 먹을 것을 가지고 싸우면 안 될까요?

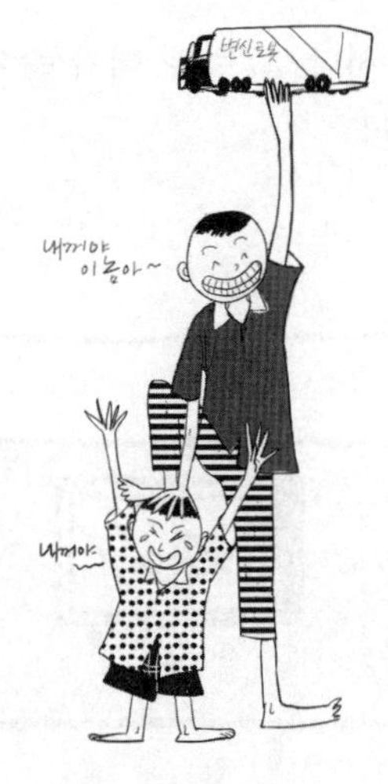

3. 왜 도둑질을 할까요?

| 결론 |

사람의 물건을 도둑질 하는 것은, 하나님의 물건을 도둑질 하는 것이나 마찬가지예요. 하나님은 세상 모든 것의 주인이기 때문이에요. 그래서 동생이나 친구들과 장난감이나 과자를 가지고 싸워서는 안 돼요. 모두 다 하나님의 것이기 때문에 양보할 줄 알아야 해요. 어떤 사람들은 부자가 되고 싶어서 도둑질을 해요. 하지만 하나님께서는 가난해도 정직하게 사는 것을 기뻐하세요. 원하는 것이 있다면 하나님께 기도하세요. 꼭 필요한 것은 하나님께서 주실 거예요.

| 성구 암송 |

도둑질하지 말라(출 20:15).

| 웨스트민스터 소요리문답 |

제73문 제8계명은 무엇입니까?

답 제8계명은 "도둑질 하지 말라"입니다.

제74문 제8계명이 요구하는 것은 무엇입니까?

답 제8계명이 요구하는 것은 합법적인 방법으로 우리 자신과 이웃의 재물과 재산을 모으고 늘리는 것입니다.

제75문 제8계명이 금하는 것은 무엇입니까?

답 제8계명이 금하는 것은 우리 자신과 이웃의 재물과 재산을 부당하게 감소시키는 것입니다.

43과

소요리문답 제76-78문

제9계명은 무엇입니까?

| 들어가기 |

피노키오는 거짓말을 할 때마다 코가 늘어났어요. 혹시 다른 친구에 대해서 거짓말을 한 적이 있나요? 내가 피노키오였다면 얼마나 코가 늘어났을지 한 번 그려 볼까요?

1. 우리는 어떤 말하기를 좋아하나요?

2. 왜 우리는 험담하기를 좋아할까요?

남의 말하기를 좋아하는 자의 말은 별식과 같아서 뱃속 깊은 데로 내려가느니라(잠 18:8).

3. 그러면 어떤 말을 해야 하나요?

| 결론 |

우리에게는 다른 사람에 대해 나쁘게 말하고 싶어 하는 마음이 있어요. 우리는 그런 마음과 싸워야 해요. 이웃을 사랑하기 위해서는, 그 사람의 나쁜 부분이 아니라 좋은 부분만 말해야 해요. 또 사실이 아닌 것도 말하지 말아야 해요.

| 성구 암송 |

네 이웃에 대하여 거짓 증거하지 말라(출 20:16).

| 웨스트민스터 소요리문답 |

제76문 제9계명은 무엇입니까?

답 제9계명은 "네 이웃에 대하여 거짓 증거하지 말라"입니다.

제77문 제9계명이 요구하는 것은 무엇입니까?

답 제9계명이 요구하는 것은 특별히 증언함에 있어서 진실을 말하고, 우리 자신과 이웃의 명예를 지키며 높이라는 것입니다.

제78문 제9계명이 금하는 것은 무엇입니까?

답 제9계명이 금하는 것은 무엇이든지 진실을 왜곡하거나 혹은 우리 자신과 이웃의 명예를 손상시키는 것입니다.

44과

소요리문답 제79-81문

왜 친구의 물건을 욕심내면 안 되나요?

| 들어가기 |

내 통장이 생겼어요. 통장에 이름을 쓰고, 내가 필요하다고 생각하는 만큼의 금액을 써 보세요. 그 만큼의 돈이 필요한 이유는 무엇인가요?

○○○님의 통장

잔액 : ________ 원

1. 친구의 장난감을 보면 어떤 생각이 드나요?

2. 하나님은 우리가 어떤 마음 가지기를 원하시나요?

그러나 자족하는 마음이 있으면 경건은 큰 이익이 되느니라(딤전 6:6).

3. 결국 제10계명은 누구를 보여주나요?

| 결론 |

친구의 장난감을 보면 부러운 마음이 들죠? 이미 많이 가지고 있지만 마트에 진열된 장난감을 보면 더 가지고 싶죠? 하지만 하나님은 우리가 지금 가진 것에 만족하며 살기를 원하세요. 제10계명은 마음에 관한 계명이에요. 다른 사람이 가진 좋은 것을 볼 때 부러운 마음이 드는 것은 막을 수가 없어요. 그래서 제10계명을 완전히 지킬 수 있는 사람은 아무도 없어요. 그런 점에서 제10계명은 예수님을 보여주는 계명이에요. 우리는 십계명으로 구원받을 수 없어요. 오직 예수님을 믿는 믿음으로만 구원받을 수 있어요.

| 성구 암송 |

네 이웃의 집을 탐내지 말라 네 이웃의 아내나 그의 남종이나 그의 여종이나 그의 소나 그의 나귀나 무릇 네 이웃의 소유를 탐내지 말라(출 20:17).

| 웨스트민스터 소요리문답 |

제79문 제10계명은 무엇입니까?

답 제10계명은 "네 이웃의 집을 탐내지 말라 네 이웃의 아내나 그의 남종이나 그의 여종이나 그의 소나 그의 나귀나 무릇 네 이웃의 소유를 탐내지 말라"입니다.

제80문 제10계명이 요구하는 것은 무엇입니까?

답 제10계명이 요구하는 것은 우리의 처지에 전적으로 만족하고, 이웃과 그 소유를 바르고 자비롭게 대하라는 것입니다.

제81문 제10계명이 금하는 것은 무엇입니까?

답 제10계명이 금하는 것은 우리 자신의 처지에 대한 모든 불만과, 이웃의 소유를 시기하고 배 아파하고, 그것을 부당하게 탐내는 마음과 행동입니다.

45과

소요리문답 제82-83문

십계명을 다 지킬 수 없다고 일부러 어겨도 될까요?

| 들어가기 |

십계명 점검표가 있어요. 아래 문항을 읽고 그런 경험이 한 번이라도 있으면 ㅇ표, 없으면 X표시를 해주세요.

십계명 자기 점검표

1. 나는 하나님보다 다른 것을 더 소중하게 생각한 적이 있어요. ( )
2. 나는 예배하러 오는 것을 싫어한 적이 있어요. ( )
3. 나는 부모님을 미워한 적이 있어요. ( )
4. 나는 친구를 미워한 적이 있어요. ( )
5. 나는 친구에 대해 거짓말을 한 적이 있어요. ( )
6. 나는 친구의 물건을 슬쩍 가져온 적이 있어요. ( )
7. 이미 많이 가졌는데 더 갖고 싶어서 욕심낸 적이 있어요. ( )

1. 십계명을 다 지킬 수 있을까요?

2. 완벽히 지킬 수 없다고 고의로 어겨도 될까요?

예수께서 대답하시되 위에서 주지 아니하셨더라면 나를 해할 권한이 없었으리니 그러므로 나를 네게 넘겨준 자의 죄는 더 크다 하시니라(요 19:11).

3. 그러면 어떻게 살아야 하나요?

김세진군

| 결론 |

우리는 십계명을 다 지킬 수 없어요. 그렇다고 일부러 어기면 안 돼요. 장애를 가진 운동선수가 일반 선수보다 좋은 기록을 낼 수는 없지만, 최선을 다하는 모습은 정말 감동적이죠. 마찬가지로 하나님께서는 우리가 십계명을 지키기 위해 최선을 다하는 모습을 매우 기뻐하세요.

| 성구 암송 |

나를 네게 넘겨준 자의 죄는 더 크다 하시니라(요 19:11).

| 웨스트민스터 소요리문답 |

제82문 하나님의 계명을 온전히 지킬 수 있는 사람이 있습니까?

답 타락한 후로는 어떤 사람도 이 세상에서 하나님의 계명을 온전히 지키지 못하고, 오히려 생각과 말과 행동으로 날마다 계명을 범합니다.

제83문 율법을 범한 모든 죄가 동등하게 가증합니까?

답 어떤 죄는 그 자체든지 결과로든지, 하나님 보시기에 다른 죄들보다 더 가증합니다.

46과

소요리문답 제84문

십계명을 어기면 어떻게 될까요?

| 들어가기 |

잘못했을 때 벌을 받았던 적이 있나요? 어떤 벌을 받았었는지 세 가지만 써 보세요. 잘못을 하면 왜 벌을 받아야 할까요?

1. ____________________

2. ____________________

3. ____________________

1. 하나님의 심판에는 어떤 것이 있나요?

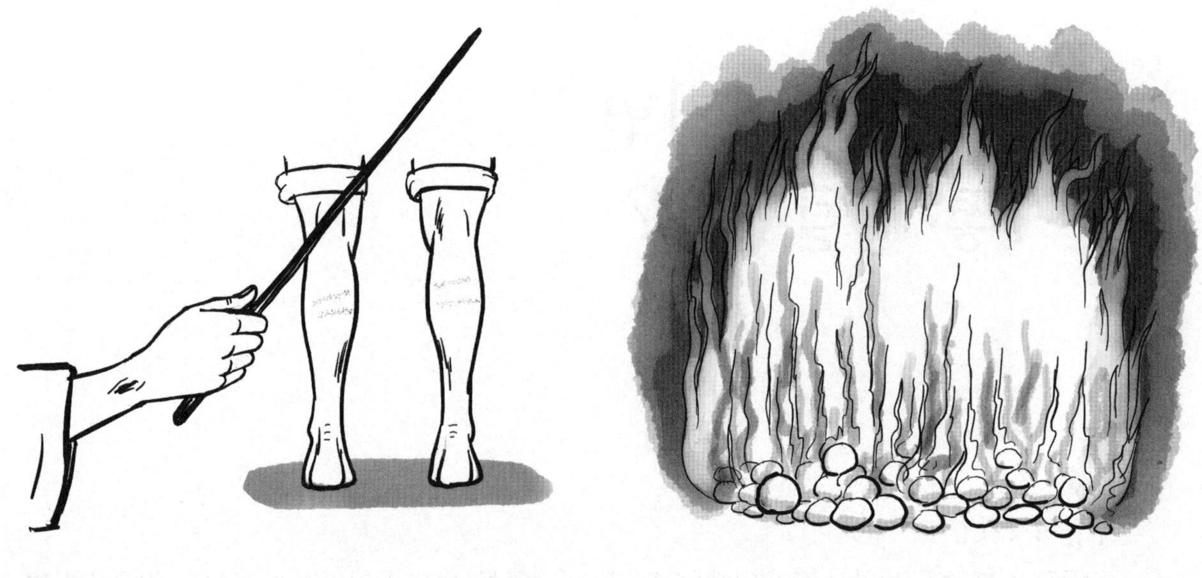

2. 우리도 다음 세상에서 벌을 받나요?

| **결론** |

십계명을 어긴 사람은 하나님께 벌을 받아요. 하나님의 벌은 두 가지인데 이 세상에서 받는 벌과 다음 세상, 즉 지옥에서 받는 벌이에요. 우리는 이 세상의 벌은 받지만, 다음 세상의 벌은 받지 않아요. 우리가 받아야 할 벌을 예수님께서 대신 받으셨기 때문이에요.

| **성구 암송** |

청년이여 네 어린 때를 즐거워하며 네 청년의 날들을 마음에 기뻐하여 마음에 원하는 길들과 네 눈이 보는 대로 행하라 그러나 하나님이 이 모든 일로 말미암아 너를 심판하실 줄 알라(전 11:9).

| **웨스트민스터 소요리문답** |

제84문 모든 죄가 마땅히 받아야 할 대가는 무엇입니까?

답 모든 죄는 이 세상과 다음 세상에서 하나님의 진노와 저주를 받아 마땅합니다.

47과

소요리문답 제85-86문

십계명을 지키는
가장 큰 힘은 무엇인가요?

| 들어가기 |

십계명을 어기면 벌을 받아요. 그런데 우리의 힘으로는 십계명을 완전하게 지킬 수 없어요. 그래서 우리는 십계명의 저주에서 벗어날 수 없어요. 그런데 비밀번호를 입력하면 십계명의 저주에서 벗어날 수 있다고 해요. 어떤 비밀번호일지 힌트를 보고 써 볼까요?

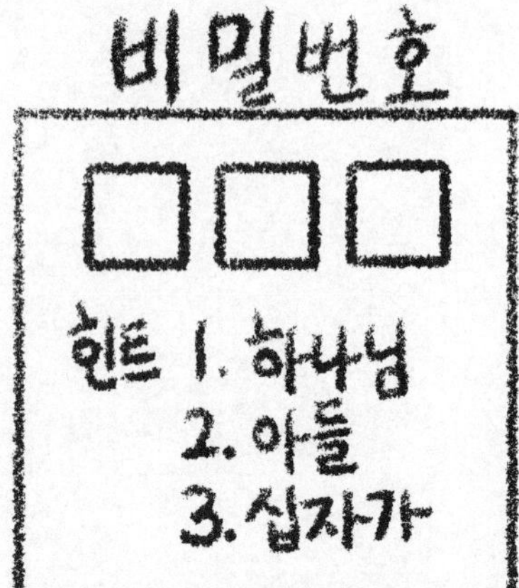

1. 구원받은 사람은 어떻게 살아야 하나요?

2. 십계명을 지킬 수 있는 가장 큰 힘은 무엇인가요?

| 결론 |

십계명을 어기면 벌을 받아요. 하나님의 벌은 두 가지인데 이 세상에서 받는 벌과 다음 세상에서 받는 벌이에요. 우리는 다음 세상의 벌은 받지 않아요. 예수님께서 이미 우리 대신 벌을 받으셨기 때문이에요. 이 사실을 아는 사람은 예수님께 감사하며 열심히 십계명을 지키게 될 거예요. 그래서 예수님이야말로 십계명을 지키게 해주는 가장 큰 힘이에요.

| 성구 암송 |

너희는 그 은혜에 의하여 믿음으로 말미암아 구원을 받았으니 이것은 너희에게서 난 것이 아니요 하나님의 선물이라(엡 2:8).

| 웨스트민스터 소요리문답 |

제85문 우리의 죄로 인해 마땅히 받아야 할 하나님의 진노와 저주를 피하기 위해 하나님께서 우리에게 요구하시는 것은 무엇입니까?

답 우리의 죄로 인해 마땅히 받아야 할 하나님의 진노와 저주를 피하기 위해 하나님께서 우리에게 요구하시는 것은, 예수 그리스도를 믿을 것과, 생명에 이르는 회개와, 그리스도께서 우리에게 구속의 유익을 전달하시는 모든 외적인 수단들을 부지런히 사용하는 것입니다.

제86문 예수 그리스도를 믿는 믿음은 무엇입니까?

답 예수 그리스도를 믿는 믿음은 구원의 은혜인데, 이 은혜로 인해 우리는 복음 안에서 제시된 대로 구원을 얻기 위하여 예수를 영접하고 그분만을 의지하는 것입니다.

48과

소요리문답 제87문

회개할 때 어떤 일이 일어나나요?

| 들어가기 |

부모님께 혼이 날 때 이 말을 하면 빨리 용서받을 수 있어요. 어떤 말을 하면 될까요? 말풍선에 써 봅시다.

1. 우리가 십계명을 모두 지킬 수 있나요?

2. 십계명을 어기면 어떻게 되나요?

3. 하지만 회개할 때 어떤 일이 일어나지요?

| 결론 |

십계명을 어기면 우리 마음에 죄책감이 자리 잡아요. 하나님께 벌도 받아요. 하지만 회개하면 하나님께서 용서해 주세요. 죄책감이 사라지게 하시고, 용서받았다는 기쁨을 누리게 해주세요. 때로 내리려던 벌을 거두기도 하시지요. 그래서 회개하는 사람은 다시 힘을 내어 십계명을 지킬 수 있어요.

| 성구 암송 |

베드로가 이르되 너희가 회개하여 각각 예수 그리스도의 이름으로 세례를 받고 죄 사함을 받으라 그리하면 성령의 선물을 받으리니(행 2:38).

| 웨스트민스터 소요리문답 |

제87문 생명에 이르는 회개는 무엇입니까?

답 생명에 이르는 회개는 구원의 은혜인데, 이 은혜로 인해 죄인이 자기 죄를 바르게 깨닫고, 그리스도 안에서 주어진 하나님의 자비를 알며, 자기 죄를 슬퍼하고 미워하며, 죄에서 떠나 하나님께로 돌아가고, 새롭게 순종하는 것을 목적으로 삼고 그것을 추구하는 것입니다.

49과

소요리문답 제88-89문

말씀을 듣고 읽을 때 어떤 일이 일어나나요?

| 들어가기 |

서로 어울리는 것들끼리 줄을 그어 봅시다.

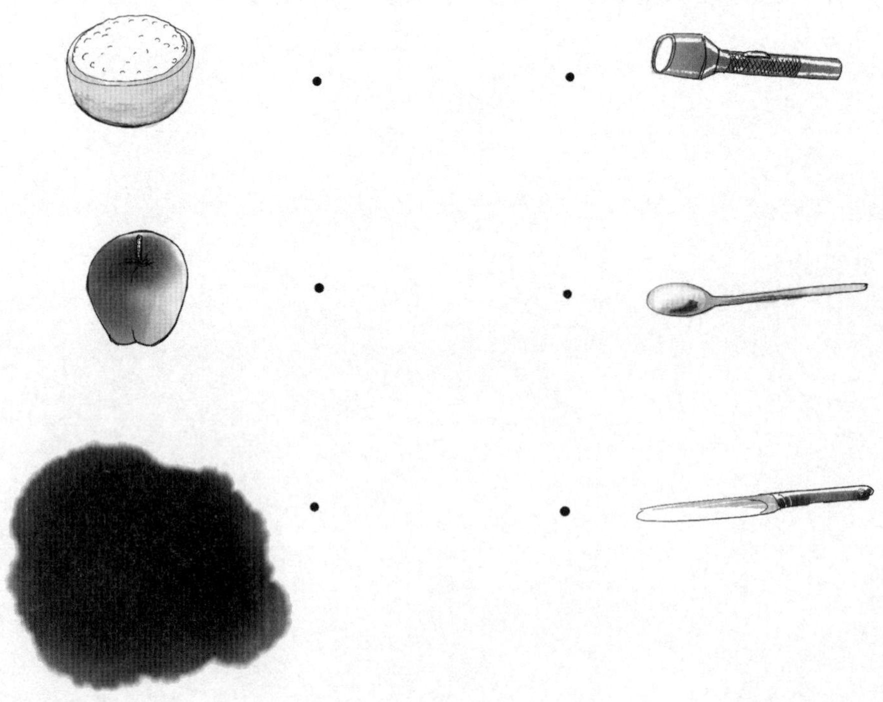

1. 도구란 무엇인가요?

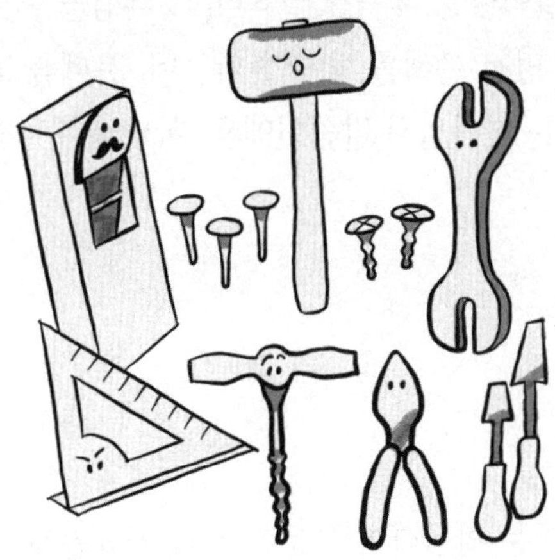

2. 십계명을 지키려면 무엇이 있어야 하나요?

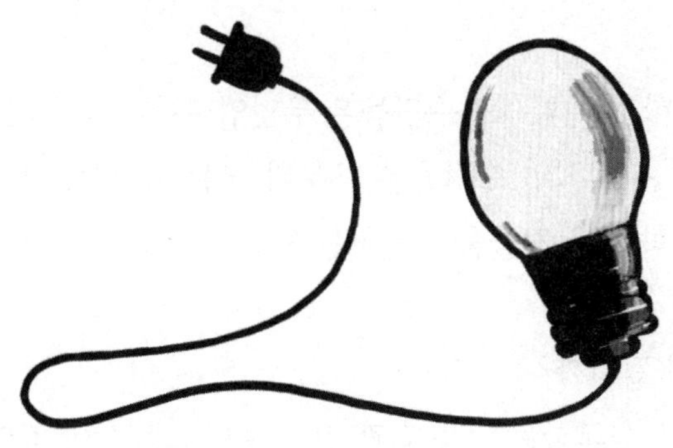

3. 은혜는 주로 어디서 받을 수 있나요?

| 결론 |

밥을 먹으려면 수저라는 도구가 필요해요. 요리를 하려면 칼이라는 도구가 필요하고, 그림을 그리려면 색연필이라는 도구가 필요하지요. 십계명을 지키려면 먼저 은혜를 받아야 하는데, 은혜를 받는 데 도움을 주는 도구가 있어요. 가장 중요한 은혜의 도구는 하나님의 말씀이에요. 하나님의 말씀은 성경을 읽거나 목사님의 설교를 통해 들을 수 있어요.

| 성구 암송 |

여호와의 율법은 완전하여 영혼을 소성시키며 여호와의 증거는 확실하여 우둔한 자를 지혜롭게 하며(시 19:7).

| 웨스트민스터 소요리문답 |

제88문 그리스도께서 우리에게 구속의 유익을 전달하시는 외적인 수단들은 무엇입니까?

답 그리스도께서 우리에게 구속의 유익을 전달하시는 외적인 수단들은 그분의 모든 규례들, 특별히 말씀과 성례와 기도입니다. 이 모든 것들은 택함 받은 자들을 구원하는 효과적인 수단입니다.

제89문 말씀이 어떻게 구원을 위한 효과적인 수단이 됩니까?

답 하나님의 성령께서는 말씀을 읽는 것 특히 말씀을 설교하는 것을 효과 있는 수단으로 삼아 죄인을 책망하고 회개케 하시며, 또 믿음으로 말미암아 구원에 이르도록 거룩과 위로를 더하십니다.

50과
소요리문답 제90문

말씀을 어떻게 들어야 하나요?

| 들어가기 |

수영을 배울 때는 단계가 있어요. 그림을 보고 순서대로 맞춰 볼까요?

1. 누가 제일 큰가요?

2. 신앙도 사람마다 달라요.

3. 어떻게 해야 신앙이 자랄까요?

| 결론 |

사람마다 키가 다르듯 신앙도 달라요. 어떤 사람의 신앙은 하나님을 기쁘게 하지만, 어떤 사람의 신앙은 하나님을 슬프게 하지요. 하나님을 기쁘게 하려면 말씀을 듣는 것과 함께 세 가지를 실천해야 해요. 첫째, 기도로 말씀 듣기를 준비해야 해요. 둘째, 말씀이 진짜라고 믿어야 해요. 셋째, 들은 말씀에 순종하기 위해 노력해야 해요.

| 성구 암송 |

내 눈을 열어서 주의 율법에서 놀라운 것을 보게 하소서(시 119:18).

| 웨스트민스터 소요리문답 |

제90문 말씀을 어떻게 읽고 들어야 구원에 이르는 효과가 있습니까?

답 말씀이 구원에 이르는 효과가 있게 되려면, 우리는 부지런히 준비하고 기도하며 말씀에 집중하고, 믿음과 사랑으로 말씀을 받아 마음에 간직하며, 우리 생활 가운데서 실천해야 합니다.

51과

소요리문답 제91-93문

성례는 무엇인가요?

| 들어가기 |

예수님께서는 우리에게 은혜를 주시기 위해 두 가지 행사를 만드셨어요. 성경의 구절들을 보고 두 가지 행사와 관련 있는 단어들에 동그라미를 쳐 봅시다.

그러므로 너희는 가서 모든 민족을 제자로 삼아 아버지와 아들과 성령의 이름으로 세례를 베풀고(마 29:19) - 단어 1개 찾기

그들이 먹을 때에 예수께서 떡을 가지사 축복하시고 떼어 제자들에게 주시며 이르시되 받아서 먹으라 이것은 내 몸이니라 하시고 - 단어 2개 찾기

또 잔을 가지사 감사 기도 하시고 그들에게 주시며 이르시되 너희가 다 이것을 마시라 - 단어 1개 찾기

이것은 죄 사함을 얻게 하려고 많은 사람을 위하여 흘리는 바 나의 피 곧 언약의 피니라(마 26:26-28) - 단어 1개 찾기

1. 최근에 행사에 참여한 적이 있나요?

2. 세상에서 가장 중요한 행사는 무엇일까요?

3. 세례와 성찬의 은혜는 누구에게서 올까요?

| 결론 |

세상에는 많은 행사가 있어요. 개인적인 행사도 있고, 국가적인 행사도 있지요. 누가 만든 행사인지, 누구를 위한 행사인지에 따라서 행사의 중요도가 달라져요. 그렇다면 세상에서 가장 중요한 행사는 무엇일까요? 예수님께서 만드신 행사에요. 예수님은 세상에서 가장 중요한 분이니까요. 예수님께서는 두 개의 행사를 만드셨어요. 세례와 성찬이에요. 예수님은 우리에게 은혜를 주시려고 이 두 가지 행사를 만드셨어요. 그래서 세례와 성찬의 은혜도 예수님에게서 와요.

| 성구 암송 |

그는 성령과 불로 너희에게 세례를 베푸실 것이요(마 3:11).

| 웨스트민스터 소요리문답 |

제91문 성례는 어떻게 구원을 위한 효과적인 수단이 됩니까?

답 성례는 그 자체나 그것을 시행하는 자의 덕이 아니라, 오직 그리스도의 축복하심과 또 믿음으로 성례를 받는 자 속에 역사하는 성령의 역사로 말미암아 구원의 효과 있는 수단이 됩니다.

제92문 성례는 무엇입니까?

답 성례는 그리스도께서 제정하신 거룩한 예식인데, 그 안에 그리스도와 새 언약의 유익들이 눈에 보이는 상징들을 통해 신자에게 나타나고 인 쳐지며 적용됩니다.

제93문 신약의 성례는 무엇입니까?

답 신약의 성례는 세례와 성찬입니다.

52과

소요리문답 제94-95문

세례는 무엇인가요?

| 들어가기 |

길에 쓰러져 있는 사람을 발견했어요. 이 사람을 집으로 돌려보내야 하는데 지갑에서 신분증을 발견했어요. 그런데 주소와 전화번호는 지워져서 잘 보이지 않아요. 어디로 연락을 하면 이 사람이 무사히 집으로 돌아갈 수 있을까요?

1. 왜 입학식을 할까요?

2. 왜 세례를 할까요?

3. 세례를 통해 무엇을 알 수 있나요?

| 결론 |

초등학교 입학식을 통해 유치원이 아니라 초등학교에 속한 사람임을 알 수 있어요. 마찬가지로 세례를 통해 세상이 아니라 하나님께 속한 사람임을 알 수 있지요. 세례는 물로 씻는 성례인데, 이것을 통해 우리의 죄가 예수님으로 인해 깨끗하게 사라졌음을 알 수 있어요. 그래서 세례는 이전과는 다른 새로운 사람이 되었음을 확인하는 시간이에요.

| 성구 암송 |

그러므로 너희는 가서 모든 민족을 제자로 삼아 아버지와 아들과 성령의 이름으로 세례를 베풀고(마 28:19).

| 웨스트민스터 소요리문답 |

제94문 세례는 무엇입니까?

답 세례는 성부와 성자와 성령의 이름으로 물로써 씻는 성례인데, 이로써 우리가 그리스도에게 접붙여짐과, 은혜언약의 모든 유익에 참여하는 것과, 우리가 주님의 소유가 되기로 약속함을, 상징하며 인치는 것입니다.

제95문 누구에게 세례를 베풀어야 합니까?

답 세례는 그리스도에 대한 믿음과 순종을 고백할 때까지는 보이는 교회 밖에 있는 어느 누구에게도 베풀어서는 안 됩니다. 그러나 보이는 교회 회원들의 자녀들은 세례를 받아야 합니다.

53과
소요리문답 제96문

성찬은 무엇인가요?

| 들어가기 |

마태복음 26장 26~28절을 찾아서, 성찬의 빵과 포도주가 무엇을 나타내는지 써 봅시다.

빵 = □□□의 □

포도주 = □□□의 □

1. 왜 예수님은 빵과 포도주를 먹으라고 하셨을까요?

2. 빵은 무엇을 상징할까요?

3. 포도주는 무엇을 상징할까요?

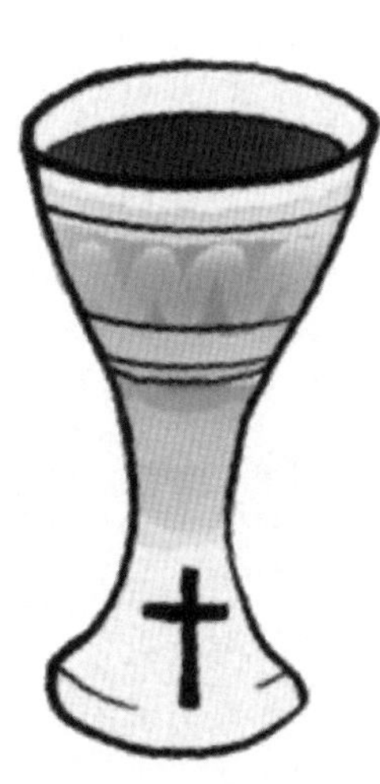

| 결론 |

성찬은 빵과 포도주를 나누어 먹는 의식이에요. 예수님께서는 자신이 다시 올 때까지 예배 중에 성찬을 하라고 하셨어요. 성찬을 통해 은혜를 받을 수 있기 때문이에요. 성찬의 빵은 십자가에서 찢겨진 예수님의 살을 상징하고, 성찬의 포도주는 십자가에서 흘린 예수님의 피를 상징해요. 다시 말해서 성찬은 예수님의 십자가를 우리 눈앞에서 다시 재현하는 의식이에요.

| 성구 암송 |

축사하시고 떼어 이르시되 이것은 너희를 위하는 내 몸이니 이것을 행하여 나를 기념하라 하시고(고전 11:24).

| 웨스트민스터 소요리문답 |

제96문 성찬은 무엇입니까?

답 성찬은 그리스도께서 정하신 대로 빵과 포도주를 주고받음으로써 그분의 죽음을 나타내 보이는 성례입니다. 이 성례를 바르게 받는 자는 물질적인 방법이 아니라 믿음으로 그리스도의 살과 피에 참여하여 그리스도의 모든 유익과 함께 영적 양식을 얻어 은혜 안에서 성장하게 됩니다.

54과
소요리문답 제97문

어떤 마음으로 성찬에 참여해야 할까요?

| 들어가기 |

우리는 예수님의 부활을 생각하며 예배를 드리고, 예수님의 죽음을 생각하며 성찬을 해요. 어떤 마음으로 예배와 성찬에 참여해야 할까요?

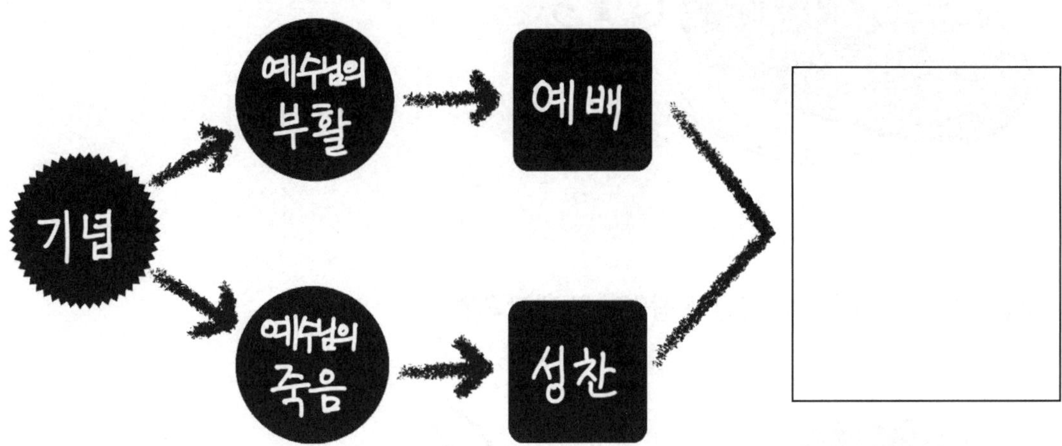

1. 결혼반지는 무엇을 상징할까요?

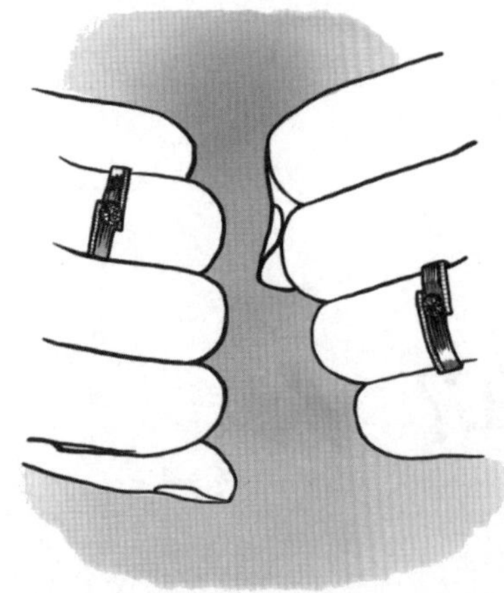

2. 성찬의 빵과 포도주가 무엇을 상징하는지 알고 있나요?

3. 그렇다면 어떤 마음으로 성찬에 참여해야 할까요?

| 결론 |

만약 아빠가 결혼반지를 쓰레기통에 던지면 엄마가 어떻게 반응할까요? 매우 화를 내며 슬퍼할 게 분명해요. 결혼반지는 서로간의 사랑을 상징하기 때문이에요. 마찬가지로 우리가 아무 생각 없이 성찬에 참여하면 하나님께서 매우 슬퍼하세요. 성찬을 통해 하나님께서 우리를 얼마나 사랑하는지 알 수 있기 때문이에요. 그래서 우리는 두 가지를 명심해야 해요. 첫째, 성찬이 예수님의 살과 피를 상징한다는 지식이 있어야 해요. 둘째, 우리를 위해 자신의 살과 피를 주신 예수님께 감사하는 마음이 있어야 해요.

| 성구 암송 |

주의 몸을 분별하지 못하고 먹고 마시는 자는 자기의 죄를 먹고 마시는 것이니라(고전 11:29).

| 웨스트민스터 소요리문답 |

제97문 성찬을 바르게 받기 위해 요구되는 것은 무엇입니까?

답 성찬을 바르게 받기 위해 요구되는 것은 주님의 몸을 분별하는 지식과 주님을 양식으로 삼는 믿음과 회개와 사랑과 새로운 순종이 있는지 자기 자신을 살피는 것이며, 혹 합당하지 않게 참여하여 자기들에게 돌아올 심판을 먹고 마시지 않도록 해야 합니다.

55과
소요리문답 제98문

기도는 무엇인가요?

| 들어가기 |

친구와 대화를 할 때, 대화가 잘 되려면 어떤 것들이 필요할까요? 세 가지만 적어 보세요.

1. ____________________

2. ____________________

3. ____________________

1.누가 더 힘이 셀까요?

2. 기도는 누구의 도움을 구하는 건가요?

3. 어떻게 기도해야 하나요?

하나님의 뜻을, 예수님의 이름으로, 죄를 자백하면서, 감사하는 마음으로.

| 결론 |

세상 사람들은 키와 덩치가 큰 사람이 힘이 세다고 생각해요. 하지만 정말 힘이 센 사람은 기도하는 사람이에요. 온 세상을 지으신 능력의 하나님께서, 기도하는 사람에게 자신의 힘을 빌려주시기 때문이에요. 그렇다면 어떻게 기도해야 할까요? 네 가지를 지켜야 해요. 첫째, 내 뜻이 아니라 하나님의 뜻을 기도하기. 둘째, 예수님 때문에 기도할 자격을 얻었음을 알고 예수님의 이름으로 기도하기. 셋째, 기도할 때 죄를 고백하기. 넷째, 감사하는 마음으로 기도하기.

| 성구 암송 |

너희가 내 안에 거하고 내 말이 너희 안에 거하면 무엇이든지 원하는 대로 구하라 그리하면 이루리라(요 15:7).

| 웨스트민스터 소요리문답 |

제98문 기도는 무엇입니까?

답 기도는 하나님의 뜻에 합당한 우리의 소원을 그리스도의 이름으로 하나님께 아뢰는 것인데, 우리의 죄를 고백하며, 그분의 긍휼을 감사히 인정함으로 해야 합니다.

56과

소요리문답 제99문

기도의 규칙은 무엇인가요?

| 들어가기 |

하나님께서 좋아하실 행동은 어떤 걸까요? 찾아서 동그라미를 쳐 봅시다.

사랑 / 이기심 / 배려 / 예배 빠지기 / 기뻐하기

예배 지각하기 / 내 뜻대로 기도하기

존경 / 부모님 말씀 잘 듣기

예배 잘 나가기 / 부모님 말씀 듣지 않기

하나님 뜻대로 기도하기 / 예배 일찍 가기

화내기 / 미워하기

1. 무엇이 더 좋은가요?

2. 하나님께서 무엇을 좋아하시는지 어떻게 알 수 있을까요?

3. 가장 중요한 기도의 기준은 무엇인가요?

| 결론 |

사람마다 서로 좋아하는 주제가 달라요. 하나님도 마찬가지예요. 하나님께서 좋아하는 것은, 우리가 좋아하는 것과 달라요. 그래서 하나님께 기도를 잘 하기 위해서는, 하나님께서 무엇을 좋아하는지 알아야 해요. 그것은 성경을 보면 알 수 있어요. 특히 주기도문에 잘 요약되어 있어요.

| 성구 암송 |

그러므로 너희는 이렇게 기도하라(마 6:9).

| 웨스트민스터 소요리문답 |

제99문 하나님께서 우리 기도의 지침으로 주신 규칙은 무엇입니까?

답 하나님의 말씀 전체가 우리 기도의 지침으로 사용되지만, 특별히 주신 규칙은 그리스도께서 자기 제자들에게 가르치신 기도의 형태인데 보통 주기도문이라고 불립니다.

57과

소요리문답 제100문

주기도문의 머리말은 무엇을 가르치나요?

| 들어가기 |

여러분이 너무 갖고 싶은 물건이 있어요. 누구에게 사달라고 부탁하면 이 물건을 가질 수 있을까요?

1. 부모님이 음식과 옷을 제공하는 이유는 무엇일까요?

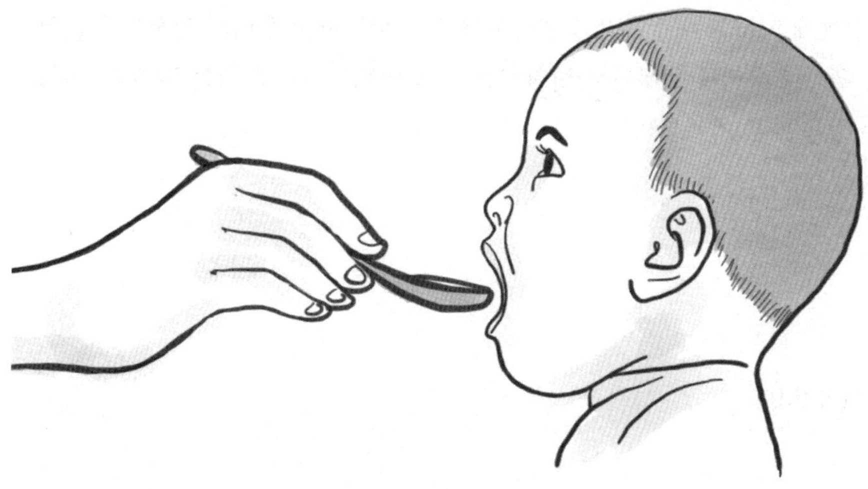

2. 하나님께서 우리 기도를 들어주시는 이유는 무엇일까요?

3. 기도는 누구에게 하는 건가요?

| **결론** |

부모님이 우리에게 먹을 음식과 입을 옷을 제공하는 이유는, 우리가 그분의 자녀이기 때문이에요. 그래서 우리도 꼭 필요한 것들을 부모님께 요구할 수 있어요. 하나님께서 우리의 기도를 들어주시는 이유도 마찬가지예요. 하나님은 우리의 아버지이고, 우리는 하나님의 자녀예요. 그래서 기도할 때는 우리와 아무 상관없는 분에게 기도하는 것이라고 생각하거나, 하나님께서 우리의 기도를 귀찮아 한다고 생각해선 안 돼요. 우리는 우리를 너무나 사랑하시는 하늘 아버지께 기도하는 것이고, 하늘 아버지는 우리가 기도하는 것을 매우 기뻐하세요.

| **성구 암송** |

하늘에 계신 우리 아버지여(마 6:9).

| **웨스트민스터 소요리문답** |

제100문 주기도문의 머리말이 우리에게 가르치는 것은 무엇입니까?

답 주기도문의 머리말은 "하늘에 계신 우리 아버지여"인데, 이는 자녀가 아버지에게 나아가는 것처럼, 우리를 도울 수 있고 또 기꺼이 도우려 하시는 하나님께 거룩한 경외와 확신을 가지고 나아갈 것과, 우리가 다른 사람들과 함께, 다른 사람들을 위하여 기도해야 한다는 것을 가르칩니다.

58과
소요리문답 제101문

주기도문의 첫 번째 간구는 어떤 뜻인가요?

| 들어가기 |

예수님의 이름은 '자기 백성을 저희 죄에서 구원할 자'입니다. 이사야 선지자의 이름은 '여호와는 구원이다'입니다. 디모데의 이름은 '하나님을 영화롭게 하는 자'입니다. 내 이름의 뜻은 무엇인지 이름표에 적어 봅시다.

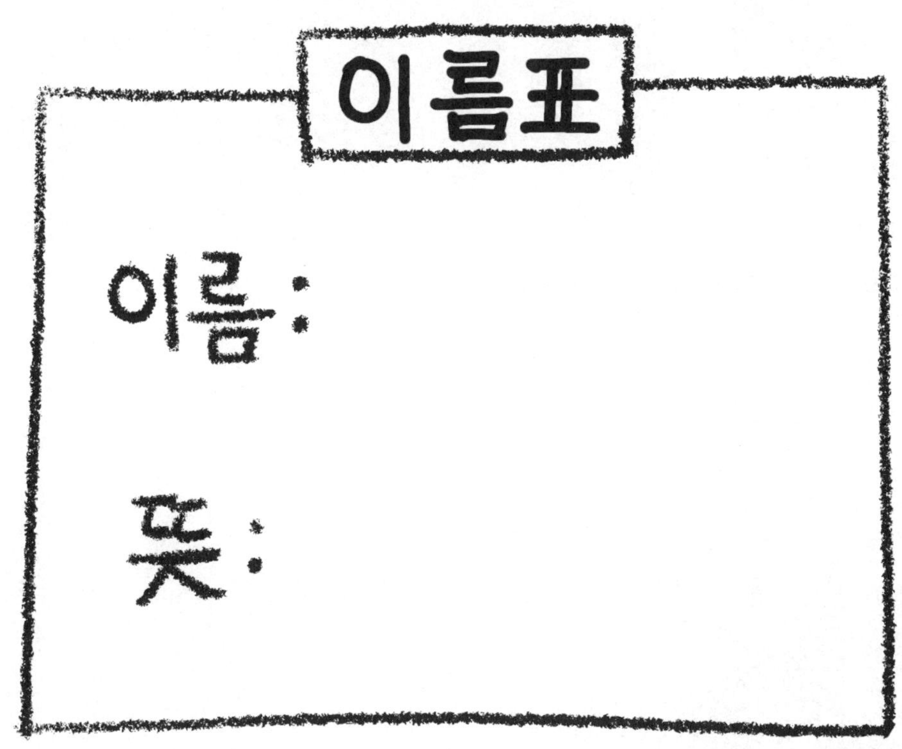

1. 이름은 무엇을 나타내나요?

2. 사람들은 누구의 이름을 자랑하나요?

3. 우리는 누구의 이름을 자랑하며 살아야 하나요?

| 결론 |

누군가 우리의 이름을 부르면 우리는 "네"하고 대답해요. 이름이 우리 자신을 상징하기 때문이에요. 그래서 우리는 기회만 있으면 우리의 이름을 드러내고 자랑하려고 해요. 이름이 곧 우리 자신이기 때문이에요. 하지만 우리는 그렇게 살지 말아야 해요. 우리가 사는 목적은 하나님께 영광을 돌리기 위해서이기 때문에, 우리의 이름이 아니라 하나님의 이름만 드러내고 자랑해야 해요.

| 성구 암송 |

이름이 거룩히 여김을 받으시오며(마 6:9).

| 웨스트민스터 소요리문답 |

제101문 첫 번째 간구에서 우리는 무엇을 위해 기도합니까?

답 첫 번째 간구는 "이름이 거룩히 여김을 받으시오며"인데, 이는 하나님이 자기를 알리는 모든 것에서, 우리와 다른 사람들이 그분을 영화롭게 하도록 해주실 것과, 모든 것이 하나님께 영광이 되도록 섭리해 주실 것을 기도하는 것입니다.

59과

소요리문답 제102문

주기도문의 두 번째 간구는 어떤 뜻인가요?

| 들어가기 |

우리나라 역사에는 많은 왕이 등장해요. 각 왕과 왕이 다스린 나라를 연결해 볼까요?

1. 영국 여왕의 나라는 어디인가요?

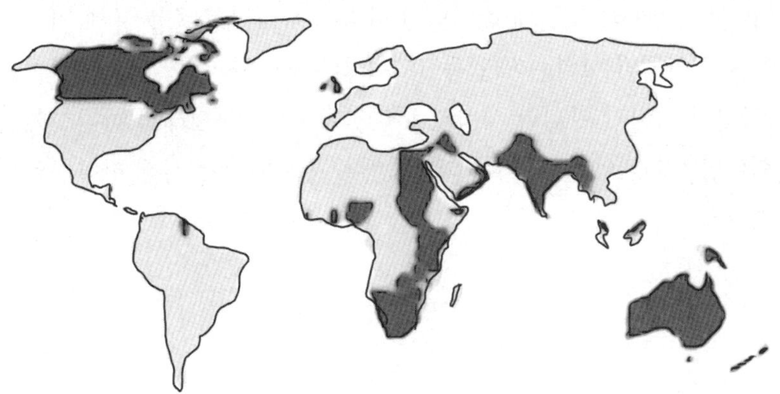

2. 하나님의 나라는 어디인가요?

3. 하나님을 왕으로 모시려면 어떻게 살아야 하나요?

| 결론 |

세상에서 가장 넓은 땅을 다스리는 사람은 영국 여왕이에요. 하지만 하나님에 비하면 아무것도 아니에요. 하나님은 온 우주를 다스리고 계시니까요. 그런데 하나님의 나라는 우리의 순종을 통해 커지기도 하고, 작아지기도 해요. 예를 들어 아담과 하와는 에덴동산에서 하나님이 아니라 사탄에게 순종했어요. 그 순간 에덴동산은 하나님의 나라가 아니라 사탄의 나라였어요. 다시 말해서 하나님께 순종하는 사람이 있는 곳이 바로 하나님의 나라에요. 우리는 하나님께 순종하는 것을 통해 하나님의 나라를 지금보다 더 크게 만들어야 해요.

| 성구 암송 |

나라가 임하시오며(마 6:10).

| 웨스트민스터 소요리문답 |

제102문 두 번째 간구에서 우리는 무엇을 위해 기도합니까?

답 두 번째 간구는 "나라가 임하시오며"인데, 이는 사탄의 나라가 멸망하고 은혜의 나라가 확장되며, 우리와 다른 사람들이 은혜의 나라에 들어와서 그 안에 머무르며, 또한 영광의 나라가 속히 임하기를 기도하는 것입니다.

60과

소요리문답 제103문

주기도문의 세 번째 간구는 어떤 뜻인가요?

| 들어가기 |

환경이 깨끗한 나라가 있어요. 그런데 그 나라의 몇몇 지역이 오염되기 시작했어요. 오염된 지역을 깨끗하게 하는 방법은 무엇이 있을까요?

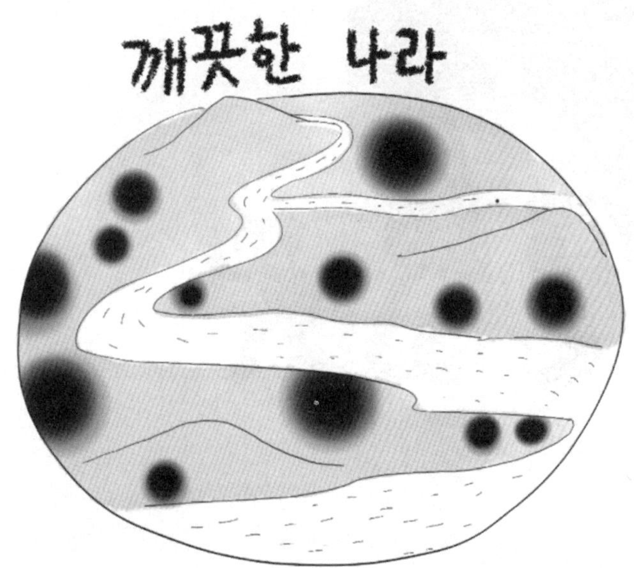

1. 하늘에서는 어떤 일이 일어나고 있나요?

2. 하지만 땅에서는 어떤 일이 일어나고 있나요?

3. 하나님의 뜻은 땅도 어떻게 되는 걸까요?

| 결론 |

하늘에는 하나님과 천사들이 있어요. 천사들은 항상 하나님께 순종해요. 그래서 하늘은 순종을 상징해요. 그런데 땅에 있는 사람들은 하나님께 불순종하는 경우가 많아요. 그래서 우리는 땅도 하늘처럼 되기를 기도해야 해요.

| 성구 암송 |

뜻이 하늘에서 이루어진 것같이 땅에서도 이루어지이다(마 6:10).

| 웨스트민스터 소요리문답 |

제103문 세 번째 간구에서 우리는 무엇을 위해 기도합니까?

답 세 번째 간구는 "뜻이 하늘에서 이루어진 것같이 땅에서도 이루어지이다"인데, 이는 하나님의 은혜로 말미암아 우리가 그분의 뜻을 알고 순종하고 복종하기를 하늘에서 천사들이 하듯이 하게 해달라고 기도하는 것입니다.

61과

소요리문답 제104문

주기도문의 네 번째 간구는 어떤 뜻인가요?

| 들어가기 |

라면을 3분 이상 끓이거나, 하루에 세끼 이상을 먹거나, 1톤만 실을 수 있는 트럭에 10톤을 실으면 어떻게 될까요?

1. 네 번째 간구는 무엇인가요?

2. 일용할 양식에 포함되는 것은 무엇인가요?

3. 그런데 왜 일용할 양식일까요?

| 결론 |

네 번째 기도는 하루 먹을 양식을 달라는 거예요. 여기서 양식은 밥만 말하는 것이 아니라, 돈이나 옷이나 집처럼 우리가 살아가는 데 필요한 모든 것을 말해요. 그런데 왜 하루 먹을 양식을 기도하라고 하셨을까요? 하나님께 기도할 때는 꼭 필요한 만큼만 구하라는 뜻이에요. 기도는 우리의 욕심을 이루는 도구가 아니니까요.

| 성구 암송 |

오늘 우리에게 일용할 양식을 주시옵고(마 6:11).

| 웨스트민스터 소요리문답 |

제104문 네 번째 간구에서 우리는 무엇을 위해 기도합니까?

답 네 번째 간구는 "오늘 우리에게 일용할 양식을 주시옵고"인데, 이는 하나님께서 값없이 주시는 선물로서 이 세상의 좋은 것들 중에서 합당한 양을 우리가 받고, 또 그것들과 함께 우리가 하나님의 복을 즐거워할 것을 기도하는 것입니다.

62과

소요리문답 제105문

주기도문의 다섯 번째 간구는 어떤 뜻인가요?

| 들어가기 |

여러분은 하나님이 싫어하시는 일을 한 적이 있나요? 어떤 일을 했었나요? 함께 이야기해 보고 회개하는 시간을 가져 봅시다.

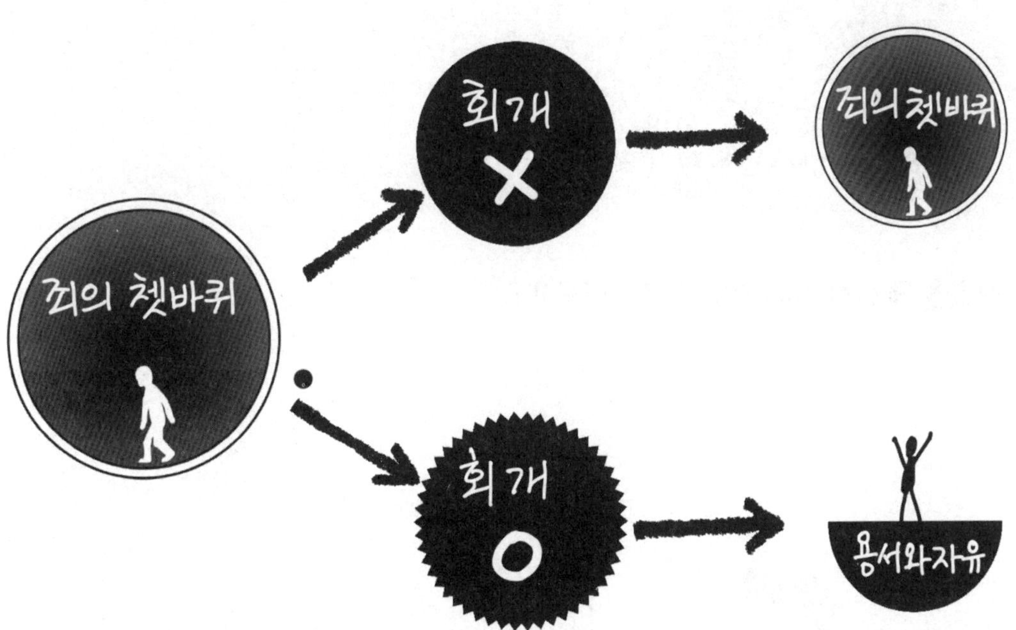

1. 다섯 번째 간구는 무엇인가요?

2. 죄를 지었을 때 사람들은 어떻게 반응하나요?

3. 죄를 지었을 때 숨지 말고 어떻게 해야 하나요?

| 결론 |

죄란 하나님의 뜻에 불순종하는 것을 말해요. 죄를 지으면 부끄러운 마음이 들어요. 그래서 하나님을 떠나거나 숨고 싶어져요. 하지만 죄를 지었다고 하나님을 떠나서는 안 돼요. 오히려 하나님께 더 가까이 가야 해요. 우리가 지은 죄를 다 말씀드려야 해요. 하나님은 우리를 사랑하세요. 예수님 때문에 이미 우리는 죄 용서를 받았어요. 우리가 죄를 자백하면, 어떤 죄든지 모두 다 용서해 주세요.

| 성구 암송 |

우리 죄를 사하여 주시옵고(마 6:12).

| 웨스트민스터 소요리문답 |

제105문 다섯 번째 간구에서 우리는 무엇을 위해 기도합니까?

답 다섯 번째 간구는 "우리가 우리에게 죄 지은 자를 사하여 준 것같이 우리 죄를 사하여 주시옵고"인데, 이는 하나님께서 그리스도 때문에 우리의 모든 죄를 값없이 용서하여 주실 것을 기도하는 것입니다. 우리가 이렇게 담대히 기도할 수 있는 것은 우리가 그분의 은혜로 말미암아 다른 사람들을 진심으로 용서할 수 있게 되었기 때문입니다.

63과

소요리문답 제106문

주기도문의 여섯 번째 간구는 어떤 뜻인가요?

| 들어가기 |

성경책을 보지 않고 구멍이 뚫린 구절을 채우는 시험을 보는 중이에요. 그런데 선생님이 나를 보지 않아요. 왼쪽은 성경책을 보지 않고 답을 쓰고, 오른쪽은 성경책을 보면서 답을 적어 봅시다. 어떻게 하면 더 많이 맞출 수 있을까요?

1. 그런데 ( )은 여호와 하나님이 지으신 들짐승 중에 가장 간교하니라…
2. 여자가 뱀에게 말하되 ( )의 열매를 우리가 먹을 수 있으나
3. …하나님의 말씀에 너희는 ( ) 말고 만지지도 말라 너희가 ( )하노라 하셨느니라
4. 뱀이 여자에게 이르되 너희가 결코 ( ) 아니하리라
5. 너희가 그것을 먹는 날에는 너희 눈이 밝아져 하나님과 ( ) 되어 선악을 알 줄 하나님이 아심이니라(창 3:1-5)

1. 그런데 ( )은 여호와 하나님이 지으신 들짐승 중에 가장 간교하니라…
2. 여자가 뱀에게 말하되 ( )의 열매를 우리가 먹을 수 있으나
3. …하나님의 말씀에 너희는 ( ) 말고 만지지도 말라 너희가 ( )하노라 하셨느니라
4. 뱀이 여자에게 이르되 너희가 결코 ( ) 아니하리라
5. 너희가 그것을 먹는 날에는 너희 눈이 밝아져 하나님과 ( ) 되어 선악을 알 줄 하나님이 아심이니라(창 3:1-5)

1. 아담이 죄를 짓도록 유혹한 존재는 누구인가요?

2. 사탄은 우리도 유혹하나요?

3. 그러면 어떻게 해야 하나요?

| 결론 |

사탄은 아담과 하와를 유혹해서 죄를 짓도록 했어요. 지금도 사탄은 우리가 죄를 짓도록 유혹하고 있어요. 사탄은 우리를 무섭게 유혹하는 것이 아니라 사탕처럼 달콤하게 유혹해요. 죄를 지으면 더 행복해질 것처럼 우리를 속여요. 그래서 사탄에게 유혹되는 사람이 많아요. 그만큼 사탄은 무서운 존재에요. 하지만 기도하는 사람은 사탄의 유혹을 이길 수 있어요.

| 성구 암송 |

우리를 시험에 들게 하지 마시옵고 다만 악에서 구하시옵소서(마 6:13).

| 웨스트민스터 소요리문답 |

제106문 여섯 번째 간구에서 우리는 무엇을 위해 기도합니까?

답 여섯 번째 간구는 "우리를 시험에 들게 하지 마시옵고 다만 악에서 구하시옵소서"인데, 이는 우리가 죄를 짓지 않도록 지켜주시고, 우리가 시험 당할 때에 도와주시고 건져주시기를 기도하는 것입니다.

64과

소요리문답 제107문

주기도문의 결론은 어떤 뜻인가요?

| 들어가기 |

지금까지 배운 것들을 토대로 하나님 하면 생각하는 것들을 마인드맵으로 그려 봅시다.

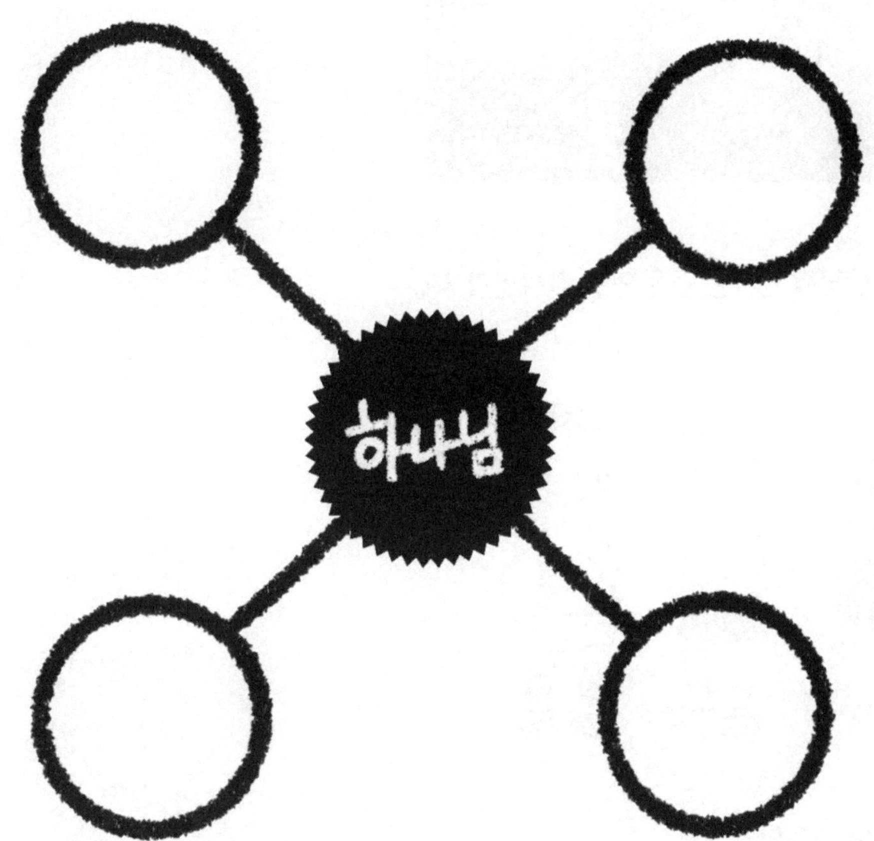

1. 나라가 하나님께 있다는 것은 어떤 뜻인가요?

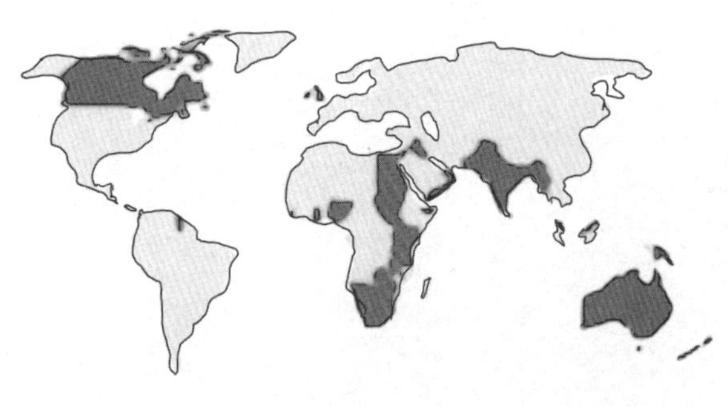

2. 권세가 하나님께 있다는 것은 어떤 의미인가요?

3. 영광이 하나님께 있다는 것은 어떤 의미인가요?

4. 아멘은 어떤 의미인가요?

| 결론 |

하나님은 우리의 기도에 응답하실 수 있어요. 그 이유는 세 가지예요. 첫째, 여왕이 영국을 다스리듯이 하나님께서 세상 모든 나라를 다스리기 때문이에요. 둘째, 하나님께는 무엇이든 할 수 있는 힘이 있기 때문이에요. 셋째, 하나님께서는 우리의 기도에 응답하셔서, 영광 받기를 기뻐하시기 때문이에요. 그래서 우리는 반드시 응답될 줄 믿는다는 뜻으로 "아멘" 하고 기도를 마무리해요.

| 성구 암송 |

나라와 권세와 영광이 아버지께 영원히 있사옵나이다 아멘(마 6:13).

| 웨스트민스터 소요리문답 |

제107문 주기도문의 결론이 우리에게 가르치는 것은 무엇입니까?

답 주기도문의 결론은 "나라와 권세와 영광이 아버지께 영원히 있사옵나이다 아멘"인데, 이는 우리가 기도할 때에 오직 하나님으로부터만 용기를 얻을 것과, 우리의 기도에서 나라와 권세와 영광을 하나님에게 돌리면서 하나님만을 찬양하여야 한다는 것입니다. 그리고 우리의 기도에 응답하실 것을 확신한다는 표시로서 우리는 "아멘"이라고 말합니다.

교사를 위한 해설서

1과

들어가기 **세상 모든 물건에는 각자에게 맞는 목적이 있음을 확인하는 활동입니다. 1장 활동은 "줄긋기"입니다. 6가지 그림이 서로 어울리는 짝으로 연결될 수 있게 선으로 긋도록 지도해주세요. 줄을 긋고 나서 "세상의 모든 물건에는 각자에게 맞는 용도가 있습니다"라고 설명해주세요.**

1과는 인간이 존재하는 목적에 관한 것입니다. 1번과 2번에서 존재하는 모든 것에 목적이 있음을 상기시켜 주세요. 이어서 3번에서는 성경 말씀을 통해 우리가 존재하는 목적은 하나님의 영광임을 설명해주세요. 이때 아이들은 하나님을 영광스럽게 하는 것이 구체적으로 무엇인지 궁금해 할 것입니다. 그러면 하나님을 가장 중요하게 여기며 사는 것이 하나님을 영광스럽게 하는 것이라고 설명해주세요. 자연스럽게 4번 질문으로 넘어가서, 아이들이 일반적으로 중요하게 생각하는 장난감이나 인형보다 하나님을 더 중요하게 여기는 것이 하나님을 영광스럽게 하는 것이라고 가르쳐주세요.

2과

들어가기 **잘 보이지 않는 것은, 눈으로 정확하게 보기 전까지는 알 수 없음을 깨닫게 하는 활동입니다. 닫힌 문 아래로는 동물의 꼬리가 나와 있습니다. 이 꼬리를 보고 안에 어떤 동물이 들어 있을지 추측해서 다 함께 그려 보도록 합니다. 아이들은 저마다 다른 형태의 동물(강아지, 여우, 늑대 등)을 그릴 것입니다. 그러면 실제로 보기 전까지는 정확하게 알 수 없다고 설명해줍니다.**

2과는 하나님을 영광스럽게 하는 방법에 관한 것입니다. 1번에서는 강아지가 사람의 마음을 다 알 수 없음을 설명해주세요. 2번에서는 마찬가지로 사람도 하나님의 마음을 다 알 수 없음을 설명해주세요. 3번에서는 사람이 하나님의 마음을 알기 위해서는, 하나님께서 직접 알려주셔야 한다는 것과, 바로 그것이 성경임을 가르쳐주세요. 4번에서는 우리가 좋아하는 것을 하나님도 좋아하실 것이라고 생각해서는 안 되고, 반드시 성경을 통해 확인해야 한다고 설명해주세요.

3과

들어가기 **도둑이 숨어 있는 문은 1번입니다. 힌트대로 했을 때 도둑을 잡을 수 있는 것처럼, 성경대로 순종해야만 하나님의 뜻을 이룰 수 있음을 상기시키는 활동입니다. 인도자께서 힌트를 1번부터 3번까지 차례대로 천천히 읽어주세요. 도둑을 잡은 이후 "힌트대로 하지 않았다면 어떻게 되었을까?"라는 질문을 합니다. 그리고 지침을 따르지 않으면 목표를 성취할 수 없다고 말해주세요.**

3과는 성경의 주제에 관한 것입니다. 길을 찾으려면 지도책을 보아야 하고, 요리법을 찾으려면 요리책을 보아야 한다는 것을 1번과 2번을 통해 설명해주세요. 그리고 하나님이 어떤 분인지 알고, 우리가 어떻게 살아야 하는지를 알고 싶다면 성경을 보아야 한다는 것을 설명해주세요. 이어서 3번에서는 성경의 핵심 주제가 바로 이 두 가지라는 것을 설명해주세요. 암송 구절은 예수님이 하나님의 아들이라는 것이 성경에 기록되어 있다는 뜻입니다.

4과

들어가기 **동시에 여러 공간에 있을 수 없는 사람의 한계를 깨닫게 하는 활동입니다. 자유롭게 이야기를 나누어주세요. 또 이야기를 마친 후에 하나님은 사람과 구별되는 분이라는 것을 말해주세요.**

4과는 하나님의 본질에 관한 것입니다. 1번에서는 몸을 가진 사람은 항상 피곤하고 아프다는 것을 설명해주세요. 2번에서는 몸을 가진 사람은 항상 한 장소에만 있을 수 있다는 것을 설명해주세요. 3번과 4번에서는 몸이 없으시고,

영이신 하나님은 사람과 달리 피곤하거나 아프시지 않고, 또 어디에나 계시다는 것을 설명해주세요.

5과

들어가기 하나님이 한 분임을 직관적으로 확인하는 활동입니다. 차례대로 사다리를 타고 내려갑니다. 하나님 사다리는 "유일하신 참 신"에 도착합니다. 이 단어가 아이에게는 어려울 수 있습니다. 그렇기 때문에 "한 분이신 진짜 신" 같은 쉬운 단어들로 말해주세요.

5과는 하나님이 몇 분인가에 관한 것입니다. 1번은 그리스로마 신화에 등장하는 신전입니다. 그리스로마 신화에는 여러 개의 신전이 등장하고, 그만큼 신도 많이 등장합니다. 2번은 금도끼 은도끼 동화에 등장하는 산신령입니다. 이 그림을 통해서는, 사람들이 바다에는 바다 신, 산에는 산신, 하늘에는 하늘신이 있는 것처럼 믿는다는 것을 설명해주세요. 그리고 3번에서는 하나님은 한 분밖에 없다는 것을 성경 말씀을 통해 확인해주세요.

6과

들어가기 한 분이신 하나님이 삼위로 존재함을 확인하는 활동입니다. 마태복음 28장 19절을 인도자께서 펼쳐주시고(할 수 있으면 아이가 하는 것이 좋습니다), 하나님을 말하는 단어들에 동그라미를 쳐주세요. 답은 아버지, 아들, 성령이 나옵니다. 그리고 그것을 아이에게 1번부터 3번까지 차례대로 적게 해주세요. 그리고 아버지는 성부 하나님, 아들은 성자 하나님, 성령은 성령 하나님으로 불린다고 말해주세요.

6과는 하나님의 삼위에 관한 것입니다. 1번에서는 하나님이 한 분밖에 없다는 것을, 2번에서는 한 분이신 하나님이 성부, 성자, 성령으로 구분된다는 것을 설명해주세요. 2번 질문의 배경이 되는 구절은 마태복음 3장 16-17절입니다. "예수께서 세례를 받으시고 곧 물에서 올라오실새 하늘이 열리고 하나님의 성령이 비둘기같이 내려 자기 위에 임하심을 보시더니 하늘로부터 소리가 있어 말씀하시되 이는 내 사랑하는 아들이요 내 기뻐하는 자라 하시니라." 여기 보면 성자이신 예수님이 계시고, 비둘기같이 오시는 성령님이 계시고, "내 사랑하는 아들이요"라고 말씀하시는 성부가 계십니다. 이 사건을 통해, 하나님은 한 분이지만, 성부, 성자, 성령으로 구분된다는 것을 설명해주세요. 너무 구체적으로 설명하는 것은 오히려 오류를 야기할 수 있습니다. 이해시키려 하기보다는, 믿어야 한다고 말해주세요. "한 분이지만, 성부, 성자, 성령으로 구분되신다. 잘 이해되지 않겠지만, 믿어야 한다." 이 정도면 충분합니다. 3번과 4번에서는, 사람은 저마다 힘과 지위가 다르지만 삼위 하나님은 힘과 지위가 동등하다는 것을 설명해주세요. 만약 다른 이와 비교하여서 열등하거나 부족함이 있다면 전능하지 않기 때문에 하나님일 수 없다고 설명해주세요.

7과

들어가기 인간이 세운 계획은 자주 실패한다는 것을 보여주는 활동입니다. 아이가 잘 지킬 수 있는 목표에 ○표시를 하게 합니다. 종종 모든 곳에 ○표시를 하는 아이들이 있을 수 있습니다. 그렇다면 "그럼 네가 가장 지키기 어려운 목표는 어떤 것이 있어?"라고 물어봐 주시고 우리는 세운 계획을 100퍼센트 지키기 어렵다고 말해주세요.

7과는 하나님의 작정에 관한 것입니다. 1번은 사람의 계획이 자주 실패함을 깨우치기 위한 것입니다. 그림을 보면 아이가 장난감을 조립하다가 실패해서 울고 있네요. 대부분의 아이들은 이런 경험을 가지고 있습니다. 2번에 나오는 구절은 예레미야 33장 2절입니다. 하나님을 "일을 행하시는 여호와, 그것을 만들며 성취하시는 여호와"라고 말하고 있습니다. 하나님은 일을 계획하시고, 계획하신 것을 반드시 이루신다는 뜻입니다. 3번 질문에 나오는 그림은 하나님의 창조를 나타내는 것입니다. 이 그림을 통해 하나님은 세상을 창조하기 전에 모든 것을 계획하셨다는 것을 설명해주세요.

8과

들어가기 하나님이 창조주임을 확인하는 활동입니다. 다양한 색의 색연필과 사인펜을 준비해주시고 아이가 자유롭게 색칠할 수 있도록 해주세요. 하나님께서 지으신 것들을 보시고 "좋았다"라고 말씀하셨음을 말해주시고 성의 있게 색칠할 수 있게 지도해주세요.

8과는 하나님의 창조에 관한 것입니다. 1번과 2번에서는 사람이 무언가를 만들 때는 재료와 도구가 필요함을 깨우쳐주세요. 3번에서는 하나님은 재료나 도구 없이 오직 말씀만으로 모든 것을 만들었음을 설명해주세요. 4번에 나오는 그림은 레오나르도 다빈치의 '모나리자'와 고흐의 '해바라기'입니다. 두 작품은 많은 사람들이 꼭 한 번 실제로 보기 원하는 그림이지요. 사람도 이런 예술 작품처럼, 하나님께서 만드시고 매우 좋아하셨다고 설명해주세요.

9과

들어가기 사람이 최고의 작품임을 상기시키기 위한 활동입니다. 8문의 활동과 마찬가지로 색연필과 사인펜이 필요합니다. 또 거울도 필요합니다. 거울을 보고 거울에 비친 자신의 얼굴을 보고 그 모습을 그리도록 해주세요. 다 그린 후, 그 모습이 하나님께서 만드신 최고의 걸작품이라고 말해주세요.

9과는 사람의 창조에 관한 것입니다. 1번을 통해 수많은 생물 가운데, 사람이 최고의 피조물이라는 것을 설명해주세요. 2번에서는 그 이유를 설명해주세요. 하나님께서 하나님 대신 만물을 돌보는 존재로 사람을 창조했기 때문이라고요. 이어지는 3번에서는 그래서 하나님께서 사람에게 '하나님을 닮은 지혜'와 '착한 마음'을 주셨다고 설명해주세요. 그래서 사람을 하나님의 형상이라고 부른다고도 이어서 설명해주세요. 4번은 하나님께서 사람을 남자와 여자로 구분해서 다르게 지었다는 내용인데, 그래서 남자와 여자는 서로 장단점이 다르다고 설명해주시고, 서로의 장점으로 서로의 단점을 보완해야 한다고 설명해주세요.

10과

들어가기 '만약 활동'입니다. '만약 내가 하나님이라면' 활동을 통해 하나님의 마음을 간접적으로 느껴 볼 수 있습니다. 만약 내가 하나님이라면 다친 강아지를 보고, 죽은 식물을 보고, 우는 아이를 보고 어떻게 할 것 같은지를 묻는 활동입니다.

10과는 섭리에 관한 것입니다. 1번을 통해 부모가 자녀를 결코 그냥 내버려두지 않는다는 것을, 2번을 통해 하나님도 그처럼 세상을 그냥 내버려두지 않는다는 것을, 하나님은 참새처럼 작은 미물도 친히 돌보신다는 것을, 3번에서는 하나님께서 한순간도 쉬지 않고 우리를 보호해주신다는 것을 설명해주세요.

11과

들어가기 사람은 다른 피조물과 다른 특별한 피조물임을 확인하는 활동입니다. 다른 창조물들과 인간의 가장 큰 차이는 하나님께서 인간을 지으신 이후 '심히' 좋았다고 말씀하신 데 있습니다. 이 말씀을 근거로 하나님께서 많은 창조물들 중에서도 인간을 가장 사랑하신다고 말해주세요.

11과도 섭리에 관한 것입니다. 1번은 하나님께서 만드신 생물의 종류가 상당히 많다는 것을 상기시키는 것입니다. 개구리는 크게 개구리, 청개구리, 맹꽁이, 두꺼비, 무당개구리의 5가지로 나눌 수 있고, 좀 더 세분화하면 개구리 과에 속한 개구리가 797종, 청개구리 과에 속한 개구리가 833종, 맹꽁이 과에 속한 개구리가 449종, 두꺼비 과에 속한 개구리가 493종, 무당개구리 과에 속한 개구리가 8종입니다. 모두 더하면 2,580종이나 됩니다. 2번은 이렇게 다양한 생물 중에서 하나님께서 가장 사랑하는 생물이 누구인지를 묻는 것입니다. 3번은 2번 질문의 답입니다. 하나님은 수많은 생물 중에서 오직 사람하고만 언약을 맺으셨으므로, 하나님께서 가장 사랑하는 대상은 사람입니다. 이때 하나님께서는 선악과를 먹으면 죽음으로 벌하겠다고 하셨습니다. 그런데 하나님의 뜻은 죽음이 아니라 생명이었습니다. 불순종하면 죽음으로 벌하겠다는 것은, 반대로 생각하면 순종하면 영생을 주겠다는 뜻입니다. 그래서 이 언약을 행위언약 또는 생명언약이라고 합니다.

12과

들어가기 **불순종 했을 때 비참한 결과를 상기시키는 활동입니다. 도입부의 그림은 아이들이 지나치게 많이 먹었을 때 좋지 않은 음식들입니다. 이 음식들을 지나치게 많이 먹으면 어떻게 되는지 이야기를 나누어 보세요. 사탕, 햄버거, 아이스크림을 지나치게 많이 먹다 보면 이가 썩고 비만이 올 수 있다고 말해주세요. 더불어 부모님이 자녀를 사랑하여 이가 썩거나 비만이 오는 것을 원하지 않기에 금지는 사랑이라고도 말해주세요.**

12과는 죄에 관한 것입니다. 1번을 통해 죄란 법을 어기는 것임을 설명해주세요. 2번에서는 첫 사람 아담과 하와가 선악과를 먹지 말라는 법을 어겼음을 설명해주세요. 3번은 죄의 결과를 설명하는 것입니다. 죄를 지은 결과, 썩어서 못 먹게 된 수박처럼 우리의 마음이 죄로 인해 더러워졌음을 설명해주세요.

13과

들어가기 **반대표가 우승을 하면 누가 트로피를 받는지를 이야기해 보는 시간입니다. 예를 들어 이어달리기 시합에는 반대표 4명이 나가지만, 상은 반 전체가 받습니다. 반대로 대표들이 꼴등을 하게 되면 그 반 전체가 꼴등이 됩니다. 이것을 대표성의 원리라고 합니다.**

13과는 인간의 비참한 처지에 관한 것입니다. 1번은 세상 모든 사람을 나타내는 것입니다. 아담 한 사람의 타락으로 세상 모든 사람이 타락했음을 설명해주세요. 2번은 가족이 이사를 가는 모습입니다. 2번에서는 대표성의 원리를 설명해주세요. 한 가정의 대표인 아버지가 서울에서 부산으로 이사를 가면, 아이들은 자동적으로 서울 사람에서 부산 사람이 됩니다. 마찬가지로 모든 사람의 대표인 아담이 죄를 지었기 때문에, 모든 사람이 아담과 함께 죄인이 되었다고 설명해주세요. 3번에서는 아담 한 사람만 부패한 것이 아니라 모든 사람이 부패했으므로, 모든 사람이 하나님께 심판을 받아야 한다는 사실을 설명해주세요.

14과

들어가기 **기본적인 줄긋기 활동입니다. 다 자란 동물과 그 동물의 새끼를 잇는 활동입니다. 먼저 아이들에게 줄긋기 활동을 하게 합니다. 한 동물에게서 같은 동물이 태어난다는 것을 통해, 죄인에게서 죄인이 출생한다는 원리를 확인하는 활동입니다.**

14과는 원죄와 자범죄에 관한 것입니다. 1번과 2번에서는 사과나무는 항상 사과열매를, 귤나무는 항상 귤열매를 맺는다는 것을 설명해주세요. 그 이유는 사과나무는 사과나무의 본질을, 귤나무는 귤나무의 본질을 가지고 있기 때문입니다. 마찬가지 원리로 이제 아담과 하와는 죄인의 본질을 가지고 있기 때문에 그들이 낳는 아이들도 항상 죄인으로 태어난다는 것을 설명해주세요. 이것을 원죄라고 한다고 설명해주세요. 4번은 사람들이 배우지 않아도 죄를 짓는 이유를 설명하는 것입니다. 모든 사람은 원죄를 가지고 태어나기 때문에 죄를 짓습니다. 죄를 지어서 죄인이 되는 것이 아니라, 죄인이기 때문에 죄를 짓는 것입니다. 죄인의 본성을 원죄, 실제로 죄를 짓는 것을 자범죄라고 한다고 설명해주세요.

15과

들어가기 **아이에게 동화의 제목을 적어 보게 합니다. 만약 아이가 동화를 모른다면 동화의 간단한 줄거리를 준비해서 이야기해주는 것도 좋습니다. 동화를 통해 은혜의 의미를 설명하는 활동입니다. 까치가 아무것도 할 수 없었던 것처럼, 우리도 스스로를 구원할 수 없는 무력한 존재임을 확인시켜 주세요.**

15과는 은혜언약에 관한 것입니다. 1번 그림은 꺼지지 않는 불로 묘사되는 지옥을 나타냅니다. 우리는 이런 끔찍한 지옥으로 가지 않는다는 것을 설명해주세요. 2번에서는 그 이유가 하나님께서 우리를 선택해주셨기 때문이라는 것을, 3번에서는 하나님께서 우리를 선택하신 이유가 오직 하나님의 조건 없는 사랑 때문임을 설명해주세요. 그리고 하나님께서 우리를 은혜로 구원해주시는 것을 은혜언약이라 한다고 설명해주세요.

16과

들어가기 **오직 예수님을 통해서만 하나님께 갈 수 있음을 확인하는 활동입니다. 아이들이 교리적인 것을 잘 이해하지 못할 수 있습니다. 그렇기 때문에 다리의 이름을 '예수님'이라고 알려주셔도 좋습니다. 중요한 것은 다리의 이름은 반드시 '예수님'이어야 한다는 것입니다.**

16과는 우리의 구속자 예수님에 관한 것입니다. 1번에서는 하나님께서 예수님 때문에 우리를 구원했다는 것을 설명해주세요. 그리고 그 이유는 예수님이 하나님이면서 동시에 사람이기 때문이라고 설명해주세요. 2번은 하나님께 죄를 지은 대상이 사람이기 때문에, 사람의 대표가 되기 위해 예수님께서 사람이 되셨다고 설명해주세요. 3번에서는 5만 원을 빌리고 10원만 갚아서는 안 되는 것처럼, 사람이 죄를 지었는데 사람보다 가치가 떨어지는 양이나 소를 대신 죽이는 것으로는 우리의 죄를 해결할 수 없다는 것을 설명해주세요. 우리 모두를 대신하려면 사람보다 훨씬 가치가 높은 분이어야 하는데, 그런 분은 하나님밖에 없다고 설명해주세요.

17과

들어가기 **예수님께서 사람으로 나셨지만, 일반적인 사람들과 다르다는 것을 확인하는 활동입니다. 먼저 아이에게 말풍선 안에 예수님에 대한 이야기가 참인지 거짓인지 체크하게 해주세요. 예수님은 기적을 일으키시는 분으로 물 위를 걸으실 수 있고, 예수님은 하나님이시고, 성령으로 잉태되어 죄가 없으시다는 것을 알려주세요.**

17과는 예수님이 사람이 되신 것의 의미를 설명하는 내용입니다. 1번에서는 사람이 벌레로 변하는 것이 매우 끔찍한 일이라는 것을 설명해주세요. 2번에서는 마찬가지로 예수님께서 사람이 되신 것도 매우 끔찍한 일이었음을 설명해주세요. 3번에서는 예수님은 부모의 능력이 아니라 성령의 능력으로 특별하게 출생하셨기 때문에 부모의 원죄를 물려받지 않았음을 설명해주세요. 성구 암송에서 말씀이 육신이 되었다는 것은, 하나님이 사람이 되었다는 뜻입니다. '말씀'으로 번역된 헬라어 '로고스'는 그 당시에 신이라는 뜻으로 사용되었습니다.

18과

들어가기 **예수님이 주로 하셨던 일들을 적어 보는 활동입니다. 왕, 선지자, 제사장의 직분을 아이들이 이해하기가 어려울 수 있습니다. 그렇기 때문에 예수님이 하셨던 일들을 먼저 적어 보게 하고 직분과 연결시켜 주는 것입니다. 세 가지 직분이 다 나오지 않았다면 하나님 나라를 전하심, 우리를 위해 죽으심, 온 세상을 다스리심 등의 일들을 추가로 말해주세요.**

18과는 예수님께서 이 땅에 오셔서 그리스도의 일을 하셨음을 설명하는 것입니다. 1번에서는 그리스도의 뜻이 "기름 부음 받은 자"라는 것을 설명해주세요. 왼쪽 그림은 사람에게 기름을 부을 때 사용했던 동물의 뼈로 만든 컵입니다. 오른쪽 그림은 택함 받은 사람에게 기름을 붓는 모습입니다. 2번에서는 구약 시대에 아무에게나 기름을 붓지 않았고, 오직 왕, 선지자, 제사장에게만 기름을 부었음을 설명해주세요. 즉, 예수님이 그리스도라는 것은, 예수님이 왕, 선지자, 제사장의 일을 하셨다는 의미임을 설명해주세요.

19과

들어가기 하나님이신 예수님만이 하나님의 말씀을 가장 정확하게 전달할 수 있음을 확인하는 활동입니다. 그림 위에는 서로 다른 대상들이 있습니다. 이들 중에서 내가 한 말을 가장 잘 전할 수 있는 사람이 누구인지 등수를 매겨 봅시다. 내가 한 말을 가장 잘 전달할 수 있는 것은 나 자신입니다.

19과는 예수님이 선지자 직을 수행한 것에 관한 것입니다. 1번에서는 사람이라야 사람의 말을 가장 잘 알아들을 수 있다는 것을 설명해주세요. 2번에서는 예수님은 아버지 하나님과 동일한 하나님이시기 때문에, 하나님의 뜻을 가장 잘 알 수 있다는 것을 설명해주세요. 3번에서는 지금 하늘에 계신 예수님은 성경과 성령으로 하나님의 뜻을 전달해주신다는 것을 설명해주세요. 하나님의 말씀은 성경에 기록되어 있고, 그 성경을 이해하기 위해서는 성령님의 도움이 필요하다고 설명해주세요.

20과

들어가기 죄를 지으면 반드시 대가를 치러야 함을 알려주는 활동입니다. 남의 것을 훔친 도둑이 죄를 용서받기 위해 해야 하는 행동들을 함께 나누는 시간입니다. 벌을 받을 수도 있고 주인에게 용서를 구해야 할 수도 있습니다. 죄를 지으면 반드시 대가를 치뤄야만 그 죄를 용서받을 수 있음을 알려주세요.

20과는 예수님이 제사장 직을 수행한 것에 관한 것입니다. 1번에서는 제사장이 동물을 대신 죽여서 사람의 죄를 해결하는 일을 했다는 것을 설명해주세요. 2번에서는 짐승은 사람보다 가치가 작기 때문에 계속 반복해서 제사를 드려야 했다는 것을 설명해주세요. 3번에서는 예수님은 가장 가치 있으신 하나님이시기 때문에, 자신의 몸으로 단 한 번 제사를 드린 이후에는 다시 제사를 드릴 필요가 없음을 설명해주세요. 어린아이들은 가치에 대한 기준이 모호합니다. 금액이 다른 돈을 비교하는 것을 통해서 가치에 대한 개념을 먼저 설명하시는 것이 좋습니다. 예수님은 창조주 하나님이시기 때문에, 예수님의 가치는 세상 모든 것을 더한 것보다 더 크다는 사실을 꼭 전달해주세요.

21과

들어가기 왕이신 예수님을 설명하기 위한 징검다리입니다. 아이에게 사자, 독수리, 상어를 표현할 수 있는 한 글자를 써 보게 해주세요. 빈칸에 들어가는 글자는 '왕'입니다. 땅, 하늘, 바다에도 왕이 있듯이 온 우주를 다스리시는 분이 왕이신 예수님임을 알려주세요.

21과는 예수님이 왕 직을 수행한 것에 관한 것입니다. 1번에서는 왕이 자기 백성을 적으로부터 보호하는 일을 한다는 것을, 2번에서는 모든 백성들은 왕에게 순종해야 한다는 것을, 3번에서는 예수님께서 십자가에서 흘리신 피로 우리를 사셨기 때문에, 이제 우리의 왕은 예수님이라는 것을 설명해주세요.

22과

들어가기 사람의 모습으로 낮아지신 예수님의 삶을 되새겨 보는 활동입니다. 네 가지의 사건은 예수님께서 사람의 모습으로 낮아지신 대표적인 사건들입니다. 이 사건들을 성경에 나오는 순서대로 번호를 매겨주세요. 정답은 2-1-4-3입니다. 하나님이신 예수님도 사람처럼 사셨음을 설명해주세요.

22과는 예수님의 낮아지심에 관한 것입니다. 첫 번째 그림은 예수님이 사람이 되시기까지 낮아지신 것을, 두 번째 그림은 예수님이 사람이 겪는 고통을 겪기까지 낮아지신 것을, 세 번째 그림은 예수님께서 십자가에서 죽으시기까지 낮아지신 것을, 네 번째 그림은 예수님께서 무덤에 묻히기까지 낮아지신 것을 나타냅니다. 예수님께서 이처럼 낮아지신 것처럼, 우리도 낮아지는 삶을 살아야 한다고 설명해주세요. 겸손하게 다른 사람을 도우며 살아야 한다고 적용해주세요.

23과

들어가기 예수님의 높아지심을 순서대로 알아보는 활동입니다. 네 가지의 사건은 예수님의 높아지심의 대표적인 사건들입니다. 이 사건들을 성경에 나오는 순서대로 번호를 매겨주세요. 정답은 4-2-3-1입니다. 예수님께서 사람처럼 사셨지만 하나님처럼 높아지심의 모습도 있었음을 말해주세요.

23과는 예수님의 높아지심에 관한 것입니다. 그림을 아래에서 위로 설명해주세요. 첫 번째 그림은 예수님이 죽음에서 부활하시기까지 높아지신 것을, 두 번째 그림은 예수님께서 하늘로 승천하시기까지 높아지신 것을, 세 번째 그림은 예수님께서 하나님 우편에서 온 세상을 다스리기까지 높아지신 것을, 네 번째 그림은 예수님께서 세상을 심판하기 위해 다시 오시기까지 높아지신 것을 나타냅니다. 예수님께서 이처럼 높은 위치에 계시기 때문에, 예수님은 반드시 우리를 보호하고 구원하실 수 있다고 설명해주세요.

24과

들어가기 옷 입히기 활동입니다. 검문소를 통과한 사람의 복장을 보여주시고, 똑같은 옷을 입어야만 검문소를 통과할 수 있다고 해주세요. 이것은 예수님을 닮아야만 구원받을 수 있음을 이해시키기 위한 것입니다. 똑같은 옷을 입어야만 구원받을 수 있는 것처럼, 예수님의 의를 전가 받아야만 구원받을 수 있음을 설명해주세요.

24과는 성령님의 사역에 관한 것입니다. 1번에서는 의로운 분은 예수님밖에 없다는 것을 설명해주세요. 2번에서는 우리가 의로워지려면 예수님의 의로움을 전달받아야 한다는 것과, 그것은 믿음을 통해 일어난다는 것을 설명해주세요. 그리고 믿음이 빨대와 같다는 것을 설명해주세요. 빨대를 통해 음료가 우리 몸에 들어오듯이, 믿음을 통해 예수님의 의로움이 우리 안에 들어온다고 말이에요. 3번에서는 믿음의 결과를 설명해주세요. 예수님을 믿는 사람은 예수님과 영적으로 연합한다는 것을요. 이것을 합체로봇을 통해 설명하시면 이해시키는 데 도움이 됩니다. 로봇이 합체한 것처럼, 우리도 예수님과 합체해 있다고요. 하지만 영적으로 합체해 있기 때문에 느낄 수 없고, 믿어야 한다고 설명해주세요. 4번에서는 예수님을 믿는 믿음은 성령님께서 주신다고 설명해주세요.

25과

들어가기 세 물건의 공통점을 통해 성령님의 역할을 생각해 보는 활동입니다. 안경, 현미경, 돋보기는 안 보이던 것을 잘 보이게 하는 도구입니다. 성령님도 우리가 보지 못하던 것들을 보게 하시는 분이라고 생각하게끔 해주세요.

25과도 성령님의 사역에 관한 것입니다. 1번에서는 사람들이 예수님을 믿지 않는 이유가 자신이 하나님 앞에서 죄로 인해 더러운 존재라는 것과, 그로 인해 심판받게 될 것임을 모르기 때문이라고 설명해주세요. 첫 번째 그림은 죄로 인한 더러움을, 두 번째 그림은 지옥 형벌을 상징합니다. 2번에서는 성령님께서 바로 그 두 가지를 깨닫게 하시는 분임을 설명해주세요. 그래서 자기 죄를 슬퍼하고, 심판을 두려워하게 된다는 것을요. 3번에서는 자기 죄를 슬퍼하고 심판을 두려워하는 사람은, 구원받기 위해 예수님을 바라보게 된다는 것을 설명해주세요. 마치 물에 빠진 사람이 구명튜브만 바라보는 것처럼, 예수님만 바라보는 것이 믿음이라는 것을요.

26과

들어가기 강아지, 토끼, 고양이, 오리가 있습니다. 이 네 종류의 동물들 중에서 좋아하는 동물의 순서를 정해 보는 시간입니다. 정답은 없습니다. 순서를 정한 이후 왜 그런 순서를 정했는지 물어보시고 들어주세요. 우리가 동물을 좋아하는 데 이유가 있듯이(조건이 있듯이) 활동을 통해 하나님께서 좋아하시는 사람의 조건은 어떤 것일지를 생각해 보고자 합니다.

26과는 칭의에 관한 것입니다. 1번에서는 사람들이 벌레를 혐오한다는 것을, 2번에서는 죄인인 사람도 하나님 앞에서 혐오스런 존재라는 것을, 3번에서는 하지만 우리는 예수님과 연합되어 있기 때문에 하나님 앞에서 예수님 같은 의인이라는 것을 설명해주세요. 그리고 예수님 때문에 실제로는 의롭지 않은 우리를 의롭게 보시는 것이 칭의임을 설명해주세요.

27과

들어가기 부모의 마음을 생각해 보게 하는 활동입니다. 내가 커서 부모가 된다면 자녀들에게 해주고 싶은 것이나 하고 싶은 일, 함께 가고 싶은 곳 등을 적어 보게 합니다. 그리고 그 이유를 나눕니다. 이것을 통해 하나님 아버지의 돌봄을 받는 것을 연상하게 해주세요.

27과는 양자됨에 관한 것입니다. 1번에서는 이렇게 열심히 놀아주는 이유가 아이들의 부모이기 때문이라는 것을, 2번에서는 밥을 먹여주는 이유가 아이의 부모이기 때문이라는 것을, 3번에서는 그래서 가장 큰 복은 좋은 부모를 만나는 것임을 설명해주세요. 그리고 4번에서는 우리 모두의 좋은 아버지가 하나님임을 설명해주세요.

28과

들어가기 예수님의 교훈이 적힌 옷을 받는 것을 통해 구원받은 자의 삶이 어떤 것인지를 생각해 보는 활동입니다. 예수님께서 교훈의 옷을 나눠주시는 것은 성화의 삶을 살아야 함을 의미합니다. 빈칸에 성화의 구체적인 예들을 쓸 수 있도록 지도해주세요.(예, 사랑, 양보, 절제, 친절, 겸손, 기쁨, 소망, 온유, 희생, 헌신, 이웃사랑 등)

28과는 성화에 관한 것입니다. 1번에서는 칭의를 설명해주세요. 벌레 같은 우리를 예수님처럼 의롭게 여겨주시는 것이 칭의라는 것을 설명해주세요. 2번에서는 성화를 설명해주세요. 벌레처럼 더러운 우리를 예수님처럼 의로운 존재로 실제로 바꾸어주시는 것이 성화임을 설명해주세요. 3번에서는 성화 역시 하나님의 은혜로만 가능한 하나님의 선물임을 설명해주세요.

29과

들어가기 하나님께 받고 싶은 선물 세 가지를 나누어 보는 시간입니다. 아이는 단순히 장난감 같은 소원을 말할 수 있습니다. 그렇기 때문에 아이가 말하는 것이 하나님께서 주시는 선물이 맞는지 점검해주셔야 합니다. 이 활동을 통해 하나님께서 주시는 선물은 세상이 주는 선물과 다르다는 것을 확인시켜 주세요.

29과는 구원 받은 사람의 복에 관한 것입니다. 칭의되고, 양자되고, 성화된 사람에게 임하는 복에 관한 것입니다. 1번에서는 구원 받았다고 만사가 형통하게 되는 것이 아님을 설명해주세요. 오히려 예수님을 믿는 것 때문에 고난 받는 경우도 있다는 점을 강조해주세요. 2번에서는 구원 받은 사람은 하나님의 사랑에서 절대로 끊어지지 않는다는 것을 설명해주시고, 3번에서는 그 결과 구원 받은 사람은 절대로 믿음을 잃어버리지 않는다는 사실을 설명해주세요.

30과

들어가기 사람의 죽음 이후 있을 일을 그림을 통해 보여주는 시간입니다. 죽음 이후에 있을 일들을 확인해 보고 넘어가시면 되겠습니다. 30과는 아이들에게 어려운 주제를 다루기 때문에, 본문의 내용을 기억하게 하는 데 초점을 맞추었습니다.

30과는 성도가 죽을 때 받는 복에 관한 것입니다. 1번에서는 사람이 몸과 영혼으로 이루어져 있음을 설명해주세요. 흙으로 도자기를 만드는 그림입니다. 마찬가지로 하나님께서 흙으로 사람의 몸을 만드시고, 거기에 영혼을 불어 넣어주셨음을 설명해주세요. 2번에서는 성도가 죽을 때 몸은 땅에서 쉬고, 영혼은 하나님 계신 하늘에서 쉰다는 것을 설명해주세요. 그리고 3번에서는 예수님께서 재림하는 날까지 그렇게 안식한다는 것을 설명해주세요.

31과

들어가기 죽음 이후의 결과를 다루고 있는 마인드맵을 보고, 마지막에 부활이 있음을 기억해 보는 시간입니다. 단계적으로 30과에서는 죽음 이후의 상태, 31과에서는 재림 때의 상태를 보여줍니다. 31과도 30과와 마찬가지로 어려운 주제를 다루기 때문에, 본문의 내용을 기억하게 하는 데 초점을 맞추었습니다.

31과는 성도가 죽은 후에 받는 복에 관한 것입니다. 1번의 빈 무덤 그림을 통해 예수님의 부활을 설명해주시고, 우리 역시 예수님처럼 부활하게 된다는 점을 설명해주세요. 2번에서는 부활과 소생의 차이점을 설명해주세요. 소생은 죽을 몸으로 다시 사는 것이지만, 부활은 죽지 않을 몸으로 다시 산다는 점을 설명해주세요. 예를 들어 심폐 소생술을 통해 심장이 멈춘 사람을 살릴 수 있지만, 그 사람도 결국은 죽는다고 설명해주세요. 3번 질문에서는 부활의 몸에 대해 설명해주세요. 부활이 영광스러운 것은 세 가지가 없기 때문인데, 첫째, 고통이 없고, 둘째, 늙어서 죽는 일이 없고, 셋째, 슬퍼서 눈물 흘릴 일이 없다는 점을 설명해주세요.

32과

들어가기 다양한 직업을 가진 사람들의 역할을 살펴보며 이 개념을 구원받은 사람의 역할과 연결시켜 생각해 보는 활동입니다. 먼저 아이에게 각 직업과 하는 일을 연결시켜 보도록 시간을 줍니다. 그 이후 경찰이 되기 위해 도둑을 잡는 것이 아니라, 경찰이기 때문에 도둑을 잡는 것임을 각인시켜 주세요. 마찬가지로 구원받기 위해 선한 일을 하는 것이 아니라, 구원받았기 때문에 선한 일을 하는 것임을 상기시켜 주세요.

32과는 성도의 삶에 관한 것입니다. 1번에서는 착하게 살아서 구원받는 것은 아니지만, 구원받은 사람은 착하게 살아야 한다는 점을 설명해주세요. 2번에서는 하나님의 말씀대로 사는 것이 착한 삶이라는 것과, 3번에서는 십계명대로 사는 것이 하나님의 말씀대로 사는 것임을 설명해주세요.

33과

들어가기 십계명을 직접 써 보는 활동입니다. 인도자께서 성경을 직접 펴주셔도 좋고, 할 수 있다면 아이가 성경을 직접 펴게 해주셔도 좋습니다. 출애굽기 20장 1~17절을 읽으면서 빈칸을 채울 수 있도록 시간을 주세요. 빈칸은 각 계명의 키워드라고 생각하시면 됩니다.

33과는 십계명의 핵심에 관한 것입니다. 1번에서는 십계명대로 사는 것이 착한 삶이라는 것을 설명해주세요. 2번에서는 십계명의 핵심이 사랑임을 설명해주세요. 3번에서는 우리가 사랑해야 할 대상이 하늘에 계신 하나님과 이웃임을 설명해주세요.

34과

들어가기 부모님께서 아이들에게 하는 잔소리를 적어 보게 하는 활동입니다. 그리고 어떤 잔소리가 있는지, 부모님이 잔소리를 하는 이유가 무엇인지도 함께 나누어주세요. 부모가 무언가를 금지하는 이유는, 자녀를 사랑하기 때문입니다. 마찬가지로 하나님께서 무언가를 금지하신 것도 우리를 사랑하기 때문임을 상기시켜 주세요.

34과는 십계명의 머리말에 대한 것입니다. 1번에서는 애굽에서 종살이하던 이스라엘 민족에게 하나님께서 찾아오셨음을 설명해주세요. 2번에서는 하나님께서 이스라엘 민족을 구원하는 은혜를 베푸셨음을 설명해주세요. 3번에서는 그때 이스라엘 민족이 자유를 주신 하나님께 감사했다는 점을 강조해주세요. 그리고 바로 그때 하나님께서 십계명을 주셨다고 설명해주세요. 그렇게 해서 하나님께서는 억지로가 아니라 감사하는 마음으로 십계명에 순종하기를 원하신다는 점을 설명해주세요.

35과

들어가기 우상들이 하나님을 대신할 수 없음을 상기시키는 활동입니다. 아이들에게 서로 다른 모양의 신들이 하나님을 대신할 수 있는지 OX표시를 하도록 해주세요.

35과는 1계명에 관한 것입니다. 1번에서는 이 세상에 수많은 우상이 있음을 설명해주세요. 2번에서는 더러운 안경을 쓰면 앞이 보이지 않는 것처럼, 죄로 인해 사람들의 마음이 어두워진 결과 하나님을 보지 못하고 우상을 만들고 있음을 설명해주세요.

36과

들어가기 눈에 보이지 않지만, 하나님이 존재하신다는 것을 생각해 보는 활동입니다. 밑의 보기에는 냄새, 가스, 전기, 공기가 있습니다. 냄새, 가스, 전기, 공기는 눈에 보이지 않지만, 존재한다는 것을 확실히 알 수 있는 것들입니다. 이 네 가지의 존재를 어떻게 알 수 있는지 써 볼 수 있는 시간을 주세요. 그 이후 하나님을 형상으로 나타내지 않아도, 믿음을 통해 하나님의 존재를 확실히 알 수 있음을 상기시켜 주세요.

36과는 2계명에 관한 것입니다. 1번에서는 1계명이 우상을 금한다는 것을 설명해주시고, 2번에서는 2계명이 하나님을 특정 모양으로 만드는 것을 금한다는 것을 설명해주세요. 그러므로 1계명은 다른 신을 금하는 것이고, 2계명은 하나님을 모양으로 만들어서 예배하는 것을 금하는 것입니다. 3번에서는 아론과 이스라엘 민족이 하나님을 송아지 모양으로 만들어서 예배한 적이 있음을 설명해주세요. 사람들은 소를 통해 농사를 짓고 이익을 얻습니다. 그러므로 아론이 하나님을 송아지로 만든 것은, 하나님을 이익을 얻기 위한 수단으로 생각했다는 것입니다. 돈다발 그림은 기복주의를 나타내는 이미지입니다. 역시 하나님을 이익의 대상으로 삼아서는 안 된다는 내용입니다. 4번에서는 성경이 말하는 대로 하나님을 믿어야지, 내가 믿고 싶은 대로 하나님을 믿어서는 안 된다는 것을 강조해주세요.

37과

들어가기 스스로 예배 규칙을 세워 봄으로써, 하나님께서 기뻐하시는 예배에 대해 생각해 보는 활동입니다. 하나

님께서 기뻐하시는 예배를 위해 자신이 지켜야 할 것 같다고 생각되는 세 가지의 규칙을 써보게 해주세요. 적은 내용을 나누어주시고 이 규칙을 잘 지키도록 다짐하는 기도를 해주세요.

37과는 3계명에 관한 것입니다. 1번에서는 3계명이 무언지를 설명해주시고, 2번에서는 3계명이 비어 있는 마음으로 예배드리는 것을 금한다는 사실을 설명해주세요. '망령되이'로 번역된 히브리어 '샤우'는 '비어 있는'이라는 뜻입니다. 3번의 첫 번째 그림은 하나님의 창조를 나타낸 것이고, 두 번째 그림은 하나님의 구원을 나타낸 것입니다. 하나님을 예배할 때는 하나님의 창조를 경외하는 마음과, 하나님의 구원을 감사하는 마음이 필수적임을 설명해주세요.

38과

들어가기 **생일파티에서 가장 중요한 것은 생일을 맞은 사람입니다. 마찬가지로 예배에서 가장 중요한 분도 하나님임을 상기시키는 활동입니다. 색연필과 사인펜을 준비하셔서 생일파티를 하고 있는 모습을 자유롭게 그릴 수 있도록 해주세요. 그리고 생일파티의 주인공은 누군지, 만약 주인공인 내가 축하를 받지 못하면 기분이 어떨지 물어봐주세요.**

38과는 4계명에 관한 것입니다. 1번에서는 세상에서 가장 중요한 분은 대통령이나 왕이 아니라 하나님임을 설명해주세요. 2번에서는 그렇기 때문에 하나님을 예배하는 것이 가장 중요한 일임을 설명해주세요. 3번에서는 그래서 하나님을 예배하는 주일이, 가장 중요한 날임을 설명해주세요.

39과

들어가기 **부모를 공경하라는 말씀을 실천해 보는 활동입니다. 그 방법으로 부모님께 진심을 담은 편지를 씁니다. 아이들에게 편지를 쓸 시간을 주세요.**

39과는 5계명에 관한 것입니다. 1번에서는 십계명이 하나님 사랑과 이웃 사랑으로 나누어진다는 점을 설명해주세요. 십자가 그림을 통해 세로 줄은 하나님 사랑, 가로 줄은 이웃 사랑이라고 설명해주세요. 2번에서는 이웃 사랑 가운데 가장 먼저 소개되는 것이 부모 사랑임을 설명해주세요. 3번에서는 그 이유가 부모의 역할 때문임을 설명해주세요. 부모는 하나님을 대신해서 우리를 낳고, 먹이고, 양육하는 존재이기 때문에, 순종해야 한다고 설명해주세요.

40과

들어가기 **하나님께서 모든 사람을 하나님의 형상으로 지으셨기 때문에, 모든 사람을 가치 있게 여겨야 한다는 사실을 상기시키는 활동입니다. 인도자께서는 창세기 1장 27절 말씀을 아이들에게 두 번 들려주시고, 아이들에게 빈칸을 채울 시간을 주세요. 그림의 사람들은 서로 다른 모습을 하고 있지만 모두가 하나님의 형상이고 나도 하나님의 형상으로 지어졌기 때문에 우리가 서로 사랑해야 한다고 말해주세요.**

40과는 6계명에 관한 것입니다. 1번에서는 벌레를 죽이는 것은 살인이 아니라고 설명해주세요. 2번에서는 고기를 먹는 것도 살인이 아니라고 설명해주세요. 아울러 사람을 죽이는 것이 살인임을 설명해주세요. 그리고 3번에서는 사람을 살인하지 말아야 할 이유가, 하나님께서 사람을 하나님의 형상으로 창조하셨기 때문임을 설명해주세요. 모든 사람을 하나님의 형상으로 알고 친절하게 대하는 것이 6계명임을 설명해주세요.

41과

들어가기 가족의 소중함을 생각해 보는 활동입니다. 우리 가족을 한마디로 정의하도록 아이에게 생각할 시간을 주세요. 생각을 했다면 이야기를 해보게 하시고 왜 그렇게 생각했는지 이야기를 들어주세요. (예: 우리 가족은 곰돌이다. 이유: 모두 동글동글해요!) 그러고 나서 하나님께서는 우리 가족이 하나님 안에서 행복하기를 원하신다고 말해주세요.

41과는 7계명에 관한 것입니다. 1번에서는 가정의 중요성을 설명해주세요. 첫 번째 그림은 가정을 통해 하나님의 백성이 태어나고 보호받음을 나타냅니다. 두 번째 그림은 가정이 모여 교회를 이룬다는 내용입니다. 2번에서는 가정이 무너지면 교회도 무너진다는 것을 설명해주세요. 3번과 4번에서는, 행복한 가정을 만들기 위해 노력하는 것이 제7계명에 순종하는 것임을 설명해주세요.

42과

들어가기 가장 좋아하는 물건들을 방에 가득 채워 보고, 그 물건들을 도둑맞았을 때의 기분을 나누는 활동입니다. 먼저 비어 있는 내 방에 가지고 싶은 물건들, 좋아하는 물건들을 채울 수 있게 그리는 시간을 주세요. 그리고 인도자는 아이에게 가득 채워둔 방에 도둑이 들어서 모든 물건을 다 가져갔다고 이야기해줍니다. 이때 아이의 기분이 어떨지 물어봐 주세요. 도둑질이 얼마나 나쁜 행동인지 생각해 보기 위함입니다.

42과는 8계명에 관한 것입니다. 1번에서는 도둑질을 하면 안 되는 이유가, 하나님께서 만물의 주인이기 때문임을 설명해주세요. 2번에서는 그렇기 때문에 서로 가지려고 싸우기보다 양보하는 마음을 가져야 한다고 설명해주세요. 3번에서는 쉽게 돈을 벌려는 마음 때문에 도둑질을 하는 것은, 하나님의 뜻이 아니라고 설명해주세요. 정직하고 성실하게 돈을 버는 것이 하나님의 뜻임을 강조해주세요.

43과

들어가기 거짓말만큼 길어진 코를 보며, 자신의 잘못을 회개하는 활동입니다. 피노키오는 거짓말을 하면 코가 늘어납니다. 그것처럼 내가 피노키오였다면 얼마나 코가 늘어났을지 생각해 보고 그려 보게 합니다.

43과는 9계명에 관한 것입니다. 1번에서는 사람들이 자주 험담을 한다는 사실을 설명해주세요. 2번에서는 우리에게 험담하기 좋아하는 타락한 마음이 있음을 설명해주세요. 3번에서는 피노키오 이야기를 통해 거짓말이 나쁘다는 것과, 하나님은 우리가 사실만을 말하기를 원하신다고 설명해주세요.

44과

들어가기 만족하지 못하는 욕심을 통장 잔액으로 나타내 보는 활동입니다. 먼저 통장에 얼마가 들어 있으면 좋겠는지 쓰게 해주세요. (액수에는 제한이 없다고 말해주세요.) 그리고 그 액수를 적은 이유를 들어 봅니다. 사람은 자신이 가질 수 있는 것보다 늘 더 많이 가지고 싶어 하는 욕심이 있음을 말해주세요.

44과는 10계명에 관한 것입니다. 1번에서는 다른 사람의 것을 보면 갖고 싶은 마음이 든다는 것을 설명해주세요. 2번에서는 그런 마음을 하나님께서 싫어한다는 점을 설명해주세요. 하나님께서 원하시는 것은 자족, 즉 만족입니다. 3번에서는 누구나 다른 사람을 부러워하는 마음을 가지고 있기 때문에, 아무도 열 번째 계명을 다 지킬 수 없다는 점을 강조해주시고, 그래서 우리의 구원은 오직 예수님의 십자가 때문에 가능하다는 점을 설명해주세요.

45과

들어가기 십계명을 지키는 것이 어렵지만, 꼭 지키기 위해 노력해야 한다는 것을 상기시키는 활동입니다. 밑에는 십계명에 따른 실천사항을 적어둔 체크리스트가 있습니다. 이것들을 보고 아이들이 OX로 체크해 볼 수 있는 시간을 주세요. 그리고 우리가 십계명을 완벽하게 지키는 것은 어렵지만 최선을 다해 노력해야 함을 말해주세요.

45과는 은혜의 방편으로 들어가는 징검다리입니다. 1번에서는 아무도 십계명을 다 지킬 수 없음을 설명해주세요. 2번에서는 모든 죄가 똑같지 않다는 점을 설명해주세요. 근거 구절은 예수님께서 빌라도에게 하신 말씀입니다. 여기서 예수님은 자신을 빌라도에게 넘긴 유대인들의 죄가 "더 크다"고 말씀하십니다. 3번 그림은 장애인 수영선수 김세진 학생입니다. 정상인보다 빠르지 않겠지만, 장애를 가지고 최선을 다하는 모습이 너무나 아름답다고 설명해주세요. 마찬가지로 우리가 십계명을 다 지킬 수는 없지만, 지키기 위해 노력하는 것을 하나님께서 기뻐하신다고 설명해주세요. 지키려고 노력하다가 어기는 것보다, 고의로 어기는 것이 더 큰 죄라고 설명해주세요.

46과

들어가기 죄인은 반드시 벌을 받아야 한다는 사실을 상기시키는 활동입니다. 아이들에게 잘못했을 때 어떤 벌을 받았었는지를 쓸 수 있는 시간을 주세요. 그리고 잘못하면 왜 벌을 받아야 하는지 물어봐주세요. 그리고 용서받기 위해서는 벌이라는 대가를 꼭 치러야 한다는 것을 말해주세요.

46과는 십계명을 어긴 결과에 관한 것입니다. 1번에서는 십계명을 어긴 자들이 살아서 받는 벌과 죽어서 받는 벌이 있음을 설명해주세요. 살아서 받는 벌은 사랑의 채찍과 같고, 죽은 이후에 받는 벌은 성경에서 영원히 꺼지지 않는 불로 묘사되어 있다고 설명해주세요. 2번에서는 우리가 죽어서 받아야 할 벌을 예수님께서 대신 받았음을 설명해주세요. 그래서 우리가 사랑의 채찍이라는 벌은 받지만, 죽은 이후에는 벌을 받지 않는다고 설명해주세요.

47과

들어가기 죄와 사망의 권세에서 벗어날 수 있는 유일한 길은 예수님을 믿는 것임을 상기시키는 활동입니다. 죄와 벌이 있는 쳇바퀴 안에서 벗어날 수 있는 방법은 주어진 힌트를 보고 비밀번호를 알아내서 입력하는 방법뿐입니다. 아이에게 비밀번호의 힌트를 보고 빈칸에 써 보게 해주세요. 정답은 '예수님'입니다.

47과는 은혜에 관한 것입니다. 1번 질문에서는 우리가 반드시 십계명을 지키며 살아야 한다는 것을 설명해주세요. 2번 질문에서는 가장 큰 은혜가 예수님임을 설명해주세요. 예수님께서 우리가 받아야 할 벌을 이미 대신 받으셨기 때문에, 우리가 영원한 벌을 받지 않는다고 설명해주세요. 따라서 우리는 벌 받지 않기 위해서가 아니라 감사하는 마음으로 십계명에 순종해야 한다고 설명해주세요.

48과

들어가기 부모님께 용서를 빌면 용서받을 수 있는 것처럼, 우리도 회개할 때 하나님께서 용서해주신다는 것을 알려주는 활동입니다. 부모님께 혼이 나고 있을 때 빠르게 용서받을 수 있는 방법을 나눠주세요. 다양한 이야기가 나올 것입니다. 충분히 들어주시고 결국에 "죄송합니다"라는 말이 가장 빠르게 용서받을 수 있는 방법이라는 것을 말해주세요.

48과는 은혜에 관한 것입니다. 1번에서는 아무도 십계명을 모두 지킬 수 없음을 설명해주세요. 2번에서는 십계명을 어기면 벌을 받는다는 사실을 설명해주세요. 3번에서는 하지만 회개하는 자에게 하나님께서 용서를 선물로 주신다는 점을 설명해주세요. 그리고 하나님께서 우리 죄를 용서해주시는 근거가 예수님 때문임을 꼭 강조해주세요.

예수님의 십자가를 보시고 우리의 죄를 용서해주신다는 점을 설명해주세요.

49과

들어가기 **은혜의 도구를 설명하기 위해, 도구의 의미를 생각해 보는 활동입니다. 밥, 사과, 어둠과 칼, 숟가락, 전등을 보고 서로 어울리는 짝으로 연결될 수 있게 선으로 긋도록 지도해주세요. 줄을 긋고 나서 밥을 제대로 먹기 위해서는 숟가락이라는 도구가, 사과를 깎기 위해서는 칼이라는 도구가, 어둠을 밝히기 위해서는 전등(빛)이라는 도구가 필요함을 말해주세요.**

49과는 은혜의 방편에 관한 것입니다. 방편이란 도구를 의미합니다. 1번에서는 여러 가지 도구에 대해 설명해주세요. 2번에서는 전기가 공급되어야 전등에 불이 들어오는 것처럼, 우리에게 은혜가 공급되어야 십계명을 지킬 수 있다고 설명해주세요. 3번에서는 은혜를 얻는 도구 중 첫 번째가 하나님의 말씀이라는 것과, 특히 설교를 통해 은혜가 임한다는 점을 설명해주세요.

50과

들어가기 **수영을 배우는 데도 단계가 있듯이, 예배에도 순서와 절차가 있다는 것을 상기시키는 활동입니다. 자유형을 하기까지의 큰 단계들을 나누어 둔 것입니다. 아이에게 자유형을 배우는 단계를 순서대로 번호를 매기게 합니다. 그리고 우리에게도 예배를 준비하는 순서가 있음을 말해주세요. (벽 잡고 발차기→킥 판 잡고 수영→자유형)**

50과는 설교를 듣는 자세에 관한 것입니다. 1번에서는 사람마다 키가 다르다는 것을 설명해주세요. 2번에서는 신앙도 사람마다 다르다는 것을 설명해주세요. 3번에서는 신앙이 자라기 위해서는 설교를 잘 들어야 하는데, 첫째, 설교 듣기를 기도로 준비해야 한다는 것과, 둘째, 설교 말씀이 사실이라고 믿을 것과, 셋째, 설교 말씀대로 살아가야 한다는 것을 설명해주세요.

51과

들어가기 **세례와 성찬에 관련된 말씀을 보고, 관련된 개념에 동그라미를 쳐 보는 활동입니다. 세례와 성찬에 관련된 말씀들 안에 성례의 개념이 숨겨져 있습니다. 직접적으로 언급하는 경우도 있지만 행동을 언급하는 경우도 있다는 것을 아이에게 말해주시고 동그라미를 치는 시간을 주세요. 그 이후 세례와 성찬을 예수님이 만드셨음을 말해주세요.**

51과는 은혜의 방편 가운데 성례에 관한 것입니다. 1번에서는 이 세상에 여러 가지 행사가 있다는 점을 설명해주세요. 2번에서는 하나님께서 직접 명하신 행사가 가장 중요하다는 점을 설명해주세요. 그것이 세례와 성찬이라고 설명해주세요. 3번에서는 세례와 성찬을 지시하신 분이 하나님이기 때문에, 세례와 성찬의 은혜도 사람이 아니라 하나님에게서 온다는 점을 강조해주세요.

52과

들어가기 **신분증을 통해 소속을 알 수 있는 것처럼, 세례를 통해 우리의 소속을 알 수 있다는 사실을 상기시키는 활동입니다. 신분증을 보고 쓰러진 사람의 신원을 확인하는 방법을 아이와 함께 나눠주세요. 주소와 전화번호가 지워졌지만 직장이 디다스코 고등학교라고 명시되어 있기 때문에 학교로 전화하면 쓰러진 사람의 신원을 확인할 수 있습니다. 이처럼 우리의 소속을 확인하는 방법이 세례임을 말해주세요.**

52과는 성례 가운데서, 세례에 관한 것입니다. 1번에서는 소속을 알기 위해 입학식을 한다는 점을 설명해주세요. 초등학교 입학식을 하는 이유는, 이제 유치원생이 아니라 초등학생임을 알리기 위해서라고 설명해주세요. 2번에서는 세례가 죄 씻음을 상징한다는 점을 설명해주세요. 물이 몸의 더러움을 씻는 것처럼, 예수님의 피가 우리의 죄를 씻는다고 설명해주세요. 3번에서는 예수님의 보혈을 통해 이제 우리는 세상이 아니라 하나님께 소속된 사람임을 설명해주세요. 세례는 우리가 하나님께 속한 새로운 사람이 되었음을 나타내는 행사라고 설명해주세요.

53과

들어가기 빵과 포도주의 의미를 생각해 보는 활동입니다. 마태복음 26장 26~28절 말씀을 아이들에게 읽어주세요. 그리고 보기에 있는 빈칸을 채우도록 해주세요. 빵은 예수님의 몸, 포도주는 예수님의 피라고 알려주세요.

53과는 성례 가운데서, 성찬에 관한 것입니다. 1번에서는 예수님께서 빵과 포도주를 먹는 행사를 지시하셨다는 점을 설명해주세요. 2번에서는 빵은 십자가에서 찢어진 예수님의 살을 상징한다고 설명해주세요. 3번에서는 포도주가 십자가에서 흘리신 예수님의 피를 상징한다고 설명해주세요.

54과

들어가기 예배를 경건하게 드려야 한다는 사실을 잘 알고 있지만, 성찬에 경건하게 참여해야 한다는 사실을 잘 모르는 경우가 많습니다. 성찬도 예배처럼 경건한 마음으로 참여해야 함을 상기시키는 활동입니다. 마인드맵을 보여주시고 예수님의 부활을 기념하여 예배하고 죽음을 기념하여 성찬을 하는 것을 말해주세요. 그리고 예수님의 부활과 죽음을 기념하는 예배와 성찬에 어떤 태도로 우리가 임해야 할지를 자유롭게 나누어주시면 됩니다.

54과는 성찬에 참여하는 자세에 관한 것입니다. 1번에서는 결혼반지가 사랑의 상징이기 때문에, 함부로 던지거나 아무 데나 두어서는 안 된다고 설명해주세요. 2번에서는 성찬도 예수님의 죽음을 나타내기 때문에 함부로 참여해서는 안 된다고 설명해주세요. 반드시 성찬이 예수님의 십자가를 나타낸다는 지식을 가지고 참여해야 함을 설명해주세요. 그리고 3번에서는 십자가의 은혜에 감사하는 마음으로 성찬에 참여해야 한다고 설명해주세요.

55과

들어가기 대화를 잘하기 위해 필요한 것들을 생각해 보고 하나님과의 대화인 기도를 잘하는 방법까지 생각해 보는 활동입니다. 친구, 부모님과 대화를 잘할 수 있는 방법을 자유롭게 이야기해 보세요. 그리고 대화를 잘하기 위한 방법이 있는 것처럼 하나님과 대화를 잘하기 위한 방법도 있음을 말해주세요.

55과는 은혜의 방편 가운데 기도에 관한 것입니다. 1번에서는 아이는 형보다 약하지만, 아버지의 도움을 받으면 형을 이길 수 있다고 설명해주세요. 그래서 우리도 하나님의 도움을 받아야 한다는 점을 설명해주세요. 2번에서는 온 세상을 지으신 능력의 하나님께서 우리를 도와주실 준비를 하고 있음을 설명해주세요. 3번에서는 기도하는 방법을 설명해주세요. 첫째, 하늘에 계신 하나님의 뜻을 생각하며 기도하기. 둘째, 예수님이 우리 죄를 해결해주셨기 때문에 하나님께 기도할 수 있음을 생각하며 기도하기. 셋째, 죄를 자백하기. 넷째, 받은 은혜를 생각하며 감사하기.

56과

들어가기 우리 삶에 기준이 있듯이, 하나님께 기도하는 데도 기준이 있다는 것을 상기시키는 활동입니다. 보기에 주어진 단어들 중에서 하나님께서 기뻐하실 것으로 생각되는 단어에 동그라미를 쳐보게 해주세요. 그리고 동그라미를 친 단어들을 한 번 더 읽어 보며 하나님의 기준이 이런 것이라고 알려주세요.

56과는 기도의 방법에 관한 것입니다. 1번에서는 사람마다 관심사가 다르다는 것을 설명해주세요. 어떤 사람은 컴퓨터를, 어떤 사람은 게임을, 어떤 사람을 책을 좋아한다는 것을 설명해주세요. 2번에서는 하나님의 관심사는 성경에서 찾을 수 있다는 점을 설명해주세요. 그래서 기도를 잘 하려면, 성경을 잘 알아야 한다고 설명해주세요. 3번에서는 성경에서도 주기도문이 기도의 방법을 가장 잘 알려준다고 설명해주세요.

57과

들어가기 하나님께 기도하는 것의 의미를 상기시키는 활동입니다. 아저씨, 친구, 아버지, 선생님 중 갖고 싶은 물건이 있을 때 부탁을 가장 잘 들어줄 것 같은 사람을 골라보게 하고 그 이유를 나누어 봅니다. 아버지가 나의 소원을 가장 잘 들어주시는 분이신 이유는 나를 낳으셨고 사랑하기 때문이라고 말해주세요. 그리고 하나님은 우리 아버지시기 때문에 우리가 아버지이신 하나님께 기도하고 의지해야 함을 알려주세요.

57과는 기도의 머리말에 관한 것입니다. 1번에서는 부모님이 우리에게 음식과 옷을 제공하는 이유가, 그분들이 우리의 부모이기 때문임을 설명해주세요. 2번에서는 하나님께서 예수님 때문에 우리를 자기 자녀로 입양하셨음을 설명해주세요. 3번에서는 그래서 우리가 하나님께 기도하는 것은, 우리와 아무 상관없는 분에게 기도하는 것이 아니라 하늘에 계신 우리 아버지에게 기도하는 것임을 설명해주세요.

58과

들어가기 이름의 의미를 상기시키는 활동입니다. 예수님, 이사야, 디모데의 이름과 의미를 설명해주세요. 그리고 아이에게 자신의 이름과 뜻을 써 보게 해주세요. 그리고 세상 사람들은 자기 이름을 자랑하기 좋아하지만, 우리는 하나님의 이름만 자랑해야 한다고 설명해주세요.

58과는 첫 번째 간구에 관한 것입니다. 1번에서는 이름을 부르면 그 사람이 대답하는 것처럼, 이름은 그 사람을 나타낸다는 점을 설명해주세요. 2번에서는 예수님을 믿지 않는 사람들은 자기 이름을 자랑하기 좋아한다는 점을 설명해주세요. 3번에서는 경기에서 승리한 후 하나님께 감사 기도하는 운동선수처럼, 우리도 우리의 이름이 아니라 하나님의 이름만 자랑해야 한다고 설명해주세요.

59과

들어가기 왕과 나라의 의미를 상기시키는 활동입니다. 조선의 시조는 이성계, 고려의 시조는 왕건, 신라의 시조는 박혁거세에요. 아이에게 나라와 시조들을 연결시키는 줄긋기를 하게 해주세요. 그리고 나라를 만든 사람이 왕이고, 하나님께서 세상을 창조하셨으니 하나님께서 이 세상의 왕이심을 말해주세요.

59과는 두 번째 간구에 관한 것입니다. 1번에서는 나라의 개념을 설명해주세요. 표시된 부분을 영국 여왕이 다스린다는 점을 부각시켜 주세요. 2번에서는 세상 모든 것이 하나님의 나라였지만, 하나님의 나라에 죄가 들어왔다는 점을 설명해주세요. 그래서 우리가 하나님의 나라를 확장시키기 위해서는 하나님께 순종해야 한다는 점을 설명해주세요. 3번에서는 하나님의 나라를 확장시키기 위해 우리 삶의 주인이 우리가 아니라 하나님이 되어야 한다고 설명해주시고, 하나님이 주인 되는 삶은 성경을 읽고 성경에 순종하는 삶이라고 설명해주세요.

60과

들어가기 하나님 나라를 위한 우리의 역할을 상기시키는 활동입니다. 깨끗한 나라의 일부가 더러워져 있습니다. 이 나라를 깨끗하게 할 수 있는 방법이 무엇인지 아이와 자유롭게 나누어주세요. 깨끗한 나라는 하나님 나라입니다. 오염된 지역은 하나님 나라이지만 죄로 인해 더러워진 곳입니다. 하나님 나라의 백성인 우리는 하나님의 나라를 깨끗하게 만들어 가야 함을 말해주세요.

60과는 세 번째 간구에 관한 것입니다. 1번에서는 하늘에서는 천사들이 하나님께 순종하고 있음을 설명해주세요. 2번에서는 땅에서는 사람들이 하나님께 불순종하고 있음을 설명해주세요. 3번에서는 땅도 하늘처럼 되는 것, 땅에 있는 사람들도 하늘의 천사들처럼 순종하게 되는 것이 하나님의 뜻임을 설명해주세요.

61과

들어가기 꼭 필요한 만큼만 가져야 함을 상기시키는 활동입니다. 3분만 끓여야 하는 라면, 하루에 세끼 정도 먹어야 하는 사람, 1톤만 실을 수 있는 트럭을 보고, 지침보다 초과하는 일을 하면 어떤 일이 벌어지는지 아이와 함께 나눠주세요. 그리고 일용할 양식을 구하라고 하신 것은 필요한 만큼만 구하는 것이라고 알려주세요.

61과는 네 번째 간구에 관한 것입니다. 1번에서는 일용할 양식, 즉 먹을 것을 하나님께 기도해야 함을 설명해주세요. 2번에서는 주기도문에서 말하는 일용할 양식은 꼭 먹을 것만이 아니라, 우리가 살아가는 데 필요한 모든 것임을 설명해주세요. 예를 들어 옷이나 집이 여기에 포함된다고요. 3번에서는, 일용할 양식이란 하루 먹을 양식, 다시 말해서 꼭 필요한 만큼의 양식을 의미한다는 점을 설명해주세요. 그래서 "부자 되게 해주세요" 이런 기도가 아니라 "꼭 필요한 것을 꼭 필요한 만큼 주세요"라고 기도하는 것이 올바른 기도임을 설명해주세요.

62과

들어가기 죄에서 벗어나는 방법을 상기시키는 활동입니다. 아이와 하나님께서 싫어하시는 일을 한 적이 있는지 나누어 봅시다. 그리고 세상 사람들은 죄의 쳇바퀴 안에서 벗어날 수 없지만 예수님을 믿는 우리들은 벗어날 방법이 있음을 설명해줍니다.

62과는 다섯 번째 간구에 관한 것입니다. 1번에서는 화살이 다른 방향으로 가는 것처럼, 하나님의 말씀과 다른 방향으로 사는 것이 죄라는 점을 설명해주세요. 2번에서는 아담과 하와가 죄를 짓고 숨었던 것처럼, 사람들이 죄를 지으면 하나님으로부터 도망가려 한다는 점을 설명해주세요. 3번에서는 이미 하나님께서는 예수님의 십자가 때문에 우리의 죄를 용서하셨다는 점과, 그렇기에 예수님의 이름을 의지하여 회개의 기도를 할 수 있다는 점을 설명해주세요.

63과

들어가기 죄를 지으면 더 좋은 결과를 얻을 수 있지만, 하나님과는 멀어진다는 것을 상기시키는 활동입니다. 밑에 주어진 성경 구절은 처음 뱀이 하와를 유혹하는 장면입니다. 아이에게 성경구절을 채우는 규칙은 성경책을 보지 않고 하는 것이라고 말해줍니다. 그리고 왼쪽의 성경구절은 성경을 보지 않고 적어 보게 시간을 주세요. 그리고 몰래 성경을 보고 적는다는 느낌으로 오른쪽의 성경구절은 창세기 3장 1~5절을 펼쳐서 보고 적을 시간을 주세요. 왼쪽 오른쪽을 다 적은 후 아이와 왼쪽과 오른쪽 중 어떤 것이 더 쉽고 많이 채울 수 있었는지 이야기를 나눠주세요. 마지막으로 컨닝을 하면 좋은 결과를 얻을 수 있지만 그것은 하나님의 방법이 아니라고 말해주세요.

63과는 여섯 번째 간구에 관한 것입니다. 1번에서는 사탄의 유혹으로 아담과 하와가 죄를 지었음을 설명해주세요.

2번에서는 사탄이 우리도 유혹하고 있다는 것과, 사탄의 유혹은 사탕처럼 달콤하다는 점을 설명해주세요. 3번에서는 그렇기 때문에 하나님께 기도해야만 사탄의 유혹을 이길 수 있음을 설명해주세요.

64과

들어가기 **지금까지 배운 하나님을 마인드맵으로 채우는 활동입니다. 하나님에 대해서 자유롭게 적을 수 있게 시간을 주세요. 그리고 적은 내용을 함께 나누어주세요.**

64과는 주기도문의 결론에 관한 것입니다. 주기도문의 결론은 하나님께서 우리의 기도를 들어주실 수 있는 근거를 보여줍니다. 1번에서는 왕이 나라를 통치하듯이, 하나님께서 세상 모든 나라를 다스린다는 점을 설명해주세요. 그것이 하나님께 나라가 있다는 말의 의미입니다. 2번에서는 아이보다 어른의 힘이 강하듯이 하나님께는 누구보다 강한 힘이 있다는 점을 설명해주세요. 그것이 하나님께 권세가 있다는 말의 의미입니다. 3번에서는 자신이 존경하는 사람을 높이는 것처럼 하나님을 높이기 위해 기도해야 한다는 점을 설명해주세요. 그것이 하나님께 영광이 있다는 말의 의미입니다. 4번에서는 아멘이 “반드시 이루어질 줄 믿습니다”라는 의미임을 설명해주세요.